哲学的人間学の刷新

心・生命・自然

河村次郎●著

Jiro Kawamura

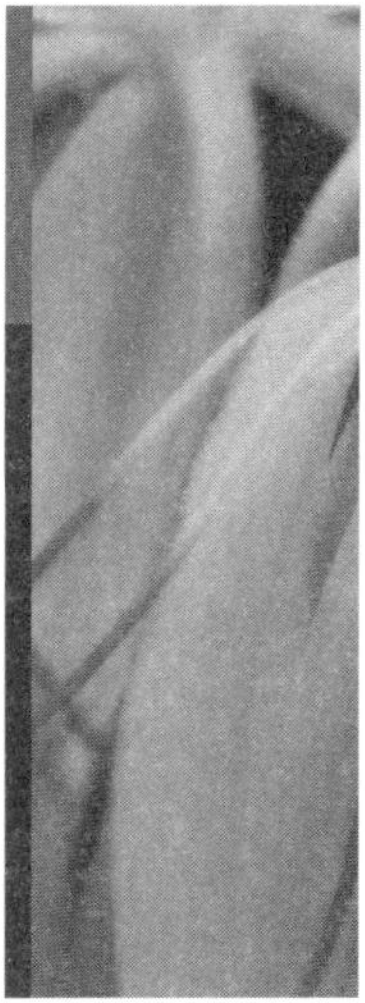

萌書房

心・生命・自然——哲学的人間学の刷新——＊目次

心・生命・自然

――哲学的人間学の刷新――

序

「君自身にではなく自然に還れ」。これが本書のライトモチーフである。そして、このモチーフを介して心と生命と自然という三つの思考案件が合流し、哲学的人間論へと収斂する。

我々各人は、それぞれ一回限りのかけがえのない人生を生きている。そして、ときに立ち止まって自分を深く見つめることがある。すると、自分自身というものがこの宇宙で唯一無二の存在であることが際立ってくる。そこで、古来「君自身に還れ。真理は外の世界にではなく君自身の内奥深くに隠されている」という思想が言い伝えられてきたのである。しかし、このような内面的精神界への帰依は意外と底が浅い。それは意識のトリックに翻弄された精神主義的逸脱であり、人間の本質と反対の方向へ遁走しているにすぎない。というのも、人間の本質は自然的生命に深く根差しており、自己の存在の意味は内面的世界を覗き込んで認取できるものではないからである。つまり、「私」の存在は外的自然界と社会共同体から意味づけられるものなのである。これは深く考えなければならないことである。

筆者は長く心身問題の研究に従事し、その過程において心・生命・自然三者の統合的理解に目覚めた。最初はもっぱら「心と身体」「心と脳」というお定まりの問題設定の中で動いていたのだが、その後意識と自我の問題に傾倒し、さらに身体全体性と生命の関係を視野に入れることによって思索を深めた。

そして、これらの思考案件を一つに取りまとめる原理として、「自然」というものに着目するようになった。

人間の本質を理解するためには心と生命と自然の統合的理解が必要である。翻って、人間の本質の理解から自然や非人間的生命の理解の足場が得られるのである。ここには理解の循環がある。肝要なのは、この循環の外に逃げ出そうとせずに、その中に正しく入っていくことである。

哲学は古来人間の本質を問いかけてきたが、近代以降哲学と科学の離反が強まるにつれて人間の本質に関する自然主義的理解は衰退してきた。これには心と身体、ないし精神と物質の二元分割的把握が深く関与している。つまり、科学は心的要素を欠いた物質的自然界の機械論的因果関係を冷徹に探究するものであり、哲学はそのような観点からは捉えられない内面的意識や道徳的価値を取り扱うものであるとみなされるようになったのである。そこで必然的に自然科学的人間像と哲学的人間観の乖離が生じることになった。人間を遺伝子の乗り物ないし分子機械とみなす生物学的人間像とそれに反発する一部の哲学者の人間観の対立はその代表例である。

ここで「一部の哲学者」と言ったのは、唯物論的な人間観や生命観により強い反感を示すのは実は宗教家や文学者や芸術家だからである。哲学者の中にはむしろ自然科学的人間像に共感する者が多いし、唯物論や還元主義や機械論や自然主義というものは、もともと世界観の類型として哲学的イデオロギーに属すものなのである。それゆえ、ある科学者が人間機械論や唯物論的生命観や脳還元主義を主張したとするなら、彼は自らの哲学的立場を表明したということになるのである。

ところで、唯物論や還元主義を表明する人たちは、みなそうした考え方が「合理的」だと思い込んでいる。たしかに、神による世界の創造や霊魂の不滅を語る精神主義的思想に比べればはるかに合理的であろう。しかし、そうした極端な対抗例をもち出さずに、日常起こる生活や社会や自然の事象を注意深く観察すれば、唯物論が合理的だなどと野放図にのたまうことはできない。なぜなら、そこには複雑系の創発的振る舞いが満ち溢れているからである。これは唯物論のみならず、「人間や生命の本質は物質に根差していない」という従来の二元論的ないし精神主義的理解にも反省を促す事柄である。つまり、複雑系の創発的振る舞いへの着目が示唆するのは、物質にも心や生命に相当する原理が内在している、ということだからである。このことが分からないと、人間の本質をめぐる対立陣営の無益な争いはいつまでも止まない。

ただし、宗教や文学における人間観を生物学的人間像と直接融合する必要はない。それらは存在論的階層が異なる創発的現象なので、住み分けが必要なのである。とはいえ、この住み分けは断絶を意味しない。文学的人間観も哲学的人生論も科学的生命像も最高位の存在論的観点から統合的に理解されるべきなのである。

以上のような観点に基づいて本書は哲学的人間学の構築を試みる。それは同時に心の哲学と生命哲学の接点を自然という集約点に向けて抉り出し、結果として従来の人間観の刷新をもたらすであろう。そして、その際思索の梃子となるのが、冒頭に挙げた「君自身にではなく自然に還れ」というライトモチーフなのである。

本書は二部構成となっており、第Ⅰ部（第1章〜第6章）は心と生命と自然を論じ、第Ⅱ部（第7章〜第9章）では文学と哲学における人間理解を論じ、最後に哲学的人間学の方法についての試案を提示する。第Ⅰ部が本論で、第Ⅱ部は付論ないし応用編という性格をもっている。とはいえ、第Ⅱ部は単にページを埋めるために用意されたものではなく、視野の拡張と思索の集約という重要な使命を担っている。とかく理論偏重になり抽象に流れやすい哲学的議論を文学と対話させることによって活性化し、一般の読者にもなじみやすくする、というのが筆者の意図である。

筆者はここ数年科学哲学的議論を中心に動いてきたが、もともと文学的人間観には強い興味があった。心やいのち、ひいては人間の本質を考える際には文学、特に小説は極めて有益な示唆を与えてくれる。小説は哲学書と違って論述ではなく物語という体裁を取っている。つまり、答えを求める考察・論証ではなく、暗示を趣旨とする描写となっているのである。こうした方法を曖昧なものとして低評価する姿勢は軽薄である。暗示や象徴は、複雑系たるこの世界の創発特性を理解する重要な方法なのである。現実は複雑的システムが生み出す非線形的創発特性に満ちている。人間的現実はその極みである。そうした人間的現実（リアリティ）を捉えるためにも文学の助けは必要なのである。

いずれにしても、この本を読んだ者が、「君自身にではなく自然に還れ」という思想に共鳴し、そこから人間の本質を自ら考える糸口を見出してくれたら、それは筆者にとってこの上ない報酬である。

第Ⅰ部 心・生命・自然

我々の意識は自然のサイクルと生命的相即性をもっている。特に春に咲く桜は生命的質感に満ちており，我々の心を潤してくれる。
写真の桜はさいたま市の見沼代用水沿いのものである。ここは環境保護地区で，このような桜並木が断続的に十数 km 続いている（2009年 4 月 4 日，筆者撮影）。

第1章　人間の本質への問い

はじめに

「人間とは何か」という問いは、古来人類の知的探究の共通関心事であった。それは哲学、宗教、文学、芸術、科学のあらゆる分野に及んでいる。それぞれの分野では自然、物質、社会、美、生命、存在、超越者、秩序、歴史などが取り上げられて探究されるが、最終的にはそうした探究を行っている当の者、つまりその主体に関心が収斂するのである。その主体とは言うまでもなく「人間」である。

古代ギリシアにおいて哲学は自然的世界の存在への驚嘆から生まれた、とよく言われるが、この驚嘆は最終的にはそうした驚嘆を感じた自己へと還ってくるのである。つまり、「なぜそもそも宇宙は存在しているのだろうか」という問いは「なぜそもそもそういう問いを発する自分がこの世にいるのだろうか」という問いとして自らに返ってくるのである。これは個別的事象の探究すべてに当てはまることである。

哲学も芸術も科学もすべて人間の営みである。人間の脳（ないし知力）と世界内存在の様式がそのような営みを可能にしているのである。それゆえ科学も哲学も人間原理に基づいたものとしての相対性を帯びており、絶対的真理に到達できるものとは言えない。そこで、我々は身の程をわきまえて、自らの存在様式、つまり人間の本質に関心を向け変えるべきなのである。しかし、これは認識論上の相対主義ないし懐疑主義を意味するものではない。そもそも絶対—相対という対置図式自体が相対的なものなので、その便宜的性格を見破りつつ、素直に人間の本質を問えばよいだけなのである。換言すれば、「絶対」とか「超越者」といったものは人間原理から発した願望投影の一種にすぎないので、それらにあまり囚われてはならないのである。ここには概念使用の循環があるが、肝心なのはその循環を矛盾として捉えず、その中に正しく入っていくことである。

古来、人間は自然的存在、社会的存在、精神的存在という三次元において捉えられてきた。この三次元すべてに共通することは「生命をもっている」ということである。これは、「存在する」ということが「生きている」ということと相即不離であることを示している。ここで人間原理と生命原理の深い関係が浮かび上がってくる。人間の本質を問うためにはぜひこの二つの原理の関係を理解しなければならない。

以上のことを顧慮して、本章では次の順序で考察を進めることにする。(1)人間における精神と自然。

⑵自己・自然・社会。⑶人間的生命としての人生。⑷人間の本質理解を目指して。

1　人間における精神と自然

我々人間は精神的存在であると同時に自然的存在である。そして、この関係は二元論的に捉えられると同時に融合的に理解することもできる。

精神と物質、霊と肉、心と身体、心理と生理というふうな周知の対置図式は、人間における精神性と自然的物質性の相克を示している。しかし、現実の人間において霊と肉、心と身体は完全に分離した様相を呈していない。それらは渾然一体となっているのである。しかし反省的意識は、この本来一体であるものを「主観的で心的な存在」と「客観的で物的な存在」の二極に分裂させてしまう。これは自然からの離反を表している。

ここで「自然からの離反」と言ったが、この場合の「自然」は精神性に対置されるものとしてのそれではない。それは両者の対立を超えた根源的次元を示唆しているのである。こうした精神的次元をも包摂する根源的自然というものは古来様々な分野で取り上げられてきた。そして、それは「生命」を帯びたものとして理解されてきた。機械論的自然観を批判する有機体的自然観においてその傾向は顕著である。

ここで着目すべきなのは、自然というものは機械論的物質性と有機的生命性という二つの側面を併せもっている、ということである。このことを看過すると、精神と物質の対置図式に幻惑されて自然を一方的に物質の領域に追いやってしまう破目になる。しかし自然というものはもともと単なる物質体系を意味するものではない。物質や物理的プロセスは自然の一側面にすぎないのである。それゆえ、自然の本性を捉えようとするなら、それを機械論的物質性から解き放って、もう一段深い次元に踏み込まなければならない。

人間における自然性は動物的欲望や本能的行動としても表れる。これらは意識的自覚ないし理性的制御の枠を超えるもので、古来精神主義の陣営から激しく卑しまれてきた。この陣営において人間の尊厳は、動物的欲望を超える精神性に見出されるのである。宗教上の禁欲的理想主義や倫理学上の厳格主義はこの傾向を体現している。

こうした姿勢は一見崇高性の極みに思えるが、存在論的に見ると実は底が浅い。また、精神主義は人種差別や障害者に対する偏見を引き起こす元凶となりやすい。なぜならそれは、人間における意識や理性の力を過信し、人間的精神性を自然的動物性から野放図に際立たせ、それに対して優位に立たせるので、動物的に感じられる者や理性を失っているように見える精神病者や知性が感じられない知的障害者や言葉を話せない者を不当に卑しむからである。古代ギリシアにおける奴隷制度、インドにおけるカースト制度、日本の江戸時代における身分制度や今日まで及ぶ部落民差別、世界諸国における人種差別や障害者蔑視といったものはすべて精神主義の悪い側面を体現している。

こうした精神主義の傲慢に掣肘を加えたのは周知のようにダーウィンの進化論とフロイトの深層心理学である。また、社会科学的啓蒙や人間学的熟考も精神主義の自己過信を打ち砕いてきた。これには当然宗教批判というものが関わってくる。代表的なのはフォイエルバッハからマルクスに至る唯物論的宗教批判とニーチェからサルトルに至る無神論的実存主義である。

これらの立場によると人間は、生物進化の過程で類人猿から進化した自然的動物の一種であり、意識的制御の及ばない無意識的情動によって行動を左右される存在として捉えられる。また、神という幻影にすがりつつ動物的に見える下等人種から金銭を搾取し、偽りの彼岸世界を楯にとって現世を見下しつつも、自らは俗世の欲望にまみれた貴族的生活を目指すものとして戯画化される。つまり、精神主義は人間における自然性を不当に蔑視したがゆえに自己欺瞞に陥ってしまったのである。

ただし、精神主義を全く認めない唯物論や自然主義の思想にも警戒が必要である。神や超越者や絶対者に当たるものは必ずしも彼岸信仰から生まれる幻影ではなく、現代のシステム論が主張するような自然の自己組織性としても捉えられるからである。

古代以来の機械論的唯物論は基本的に自然に目的や秩序の産出力を認めない。そして、この思想が二元論に反転されると、人間における精神性と自然性、理性と欲望の分離的把握を生む。つまり、人間の秩序立った崇高な心の様式としての理性が、人体の生理的プロセスに見られる機械的因果性やそこから生まれる動物的欲望に過度に対置され、超越化されてしまうのである。これが精神主義の誤謬推理というものであるが、俗流自然主義たる唯物論諸派も実はこの二元論的図式に翻弄されている。つまり低級な唯物論は、自然に目的をもち秩序を産出する自己組織能を認めることができないので、理性を自然に基づける観点に目が開けないのである。

理想的な観点は、人間における精神と自然を生命の思想によって統制するものである。言うまでもなく、動物、いや植物も生命をもっている。それらは意味もなく存在しているわけではないし、何の目的もなしに生まれてきたわけでもない。それらはまた人間にとって極めて重要な存在である。このことに目を開けば、人間の尊厳が、非動物的で超自然的な理性にではなく、自然的生命の心身両義性に基づくものであることが理解できるようになるであろう。人間には動物性と植物性という自然的生命の側面がたしかにあるのだ。そして、この自然的生命の恩恵の下に、あるいはその土台の上に人間的理性があるのだ。これは身体の生理的システムや脳の情報処理機構にも表れている。このことを忘れてはならない。

生命の本質の一角に「他との共存」という契機がある。これは全体としての秩序を生み出すことに寄与するものであり、世界内事象の様々な局面で看取される。たとえば動物の利他行動や食物連鎖に見られる生態系の秩序形成がその例である。こうしたものが知能の進化によってより巧妙になると、人間の理性の働きをもたらすのである。

ここで「巧妙になる」と言ったが、これには含蓄がある。つまり、人間はたしかに動物に対して理性的崇高性をもっているが、逆に言うと「ずるがしこさ」ももち合わせているのである。「ずるがしこさ」もまた生物進化の賜物である。そしてこの傾向が悪い方向に向かうと、上述の人種差別や障害者迫害へと逸脱するのである。

我々は自然的生命に基づいた真の人間的理性の在り方を求めなければならない。そして、そのためには動物の利他行動を参照しつつ人間の社会性について深く考える必要がある。

2　自己・自然・社会

我々はみな自分が可愛い。つまり基本的に利己主義者である。これを疑ってはならない。我々は生存のために利己性を必要とするのだ。それなしには生命の存続が危うくなる。ここに利己性の自然というものがある。それゆえ、変に気取って禁欲主義的利他主義を実践しようとしても、不自然になり、人間関係に不和をもたらすだけとなる。恣意的な利他主義が偽善に流れやすいのは周知の事実であろう。我々は自然体で利他主義を実現しなければならないのである。そのためには動物における利他行動に着目しなければならない。

一般に、動物は弱肉強食の世界に生きており、理性的思慮に基づいた利他性の欠片もないものと思われている。しかし、それは一面にすぎない。ミツバチやアリのような集団行動をする社会的生物は、生活の場の秩序を形成し集団全体の存続を維持するために滅私奉公的に働く。そこには自然的利他性の行動的特質が表れている。また、サケの産卵死やオオウミガメの産卵涙は母性愛的利他性を象徴している。その他、猛獣の攻撃から子供を集団で守るウシやゾウの例もある。

ヒョウやライオンがシマウマの仔を襲い食べてしまう光景はたしかに残酷に見える。しかし、人間は猛獣の行動を無反省に見下げることはできない。人間世界の戦争やテロにおける殺戮は、より計画的で冷徹で残酷度が高いからである。動物における捕食行動は無意識的―本能的だが、人間の殺戮行為は意識的―理性的である。無意識の殴打と意識的殴打のどちらが残酷であろうか。これはすぐに答えを出すべき問いではなく、熟考を求めるものである。

人間以外の自然的生物の世界は基本的に食物連鎖の輪を形成している。そして、それは全体としての生態系が存続するように構成されている。一見むごたらしく見える弱肉強食の行動特性も、実はこの存続に寄与しているのである。しかし、それぞれの種や集団は他の生物の攻撃から自らを守ろうとする。それには様々の戦略がある。それぞれ必死なのであり、そこには集団内での利他的結束がたしかにある。そして、そこには人工的ではない自然の美しさがある。たとえ滅びる運命にあるにしても。

我々は、こうした動物の自然的利他性を参照しつつ社会の中での自己の在り方を探索しなければならない。それに対して、「人間は動物と違って崇高な理性をもっているから、決して自己を見誤ることのない明晰な意識を行使していけるのだ」という考え方は、いつのまにか人為的利己主義に反転してしまう。これは理性が「ずるがしこさ」に逸脱したことを示している。ここから偽善の体系が生まれることは説明に難くない。

日本社会に特徴的な「甘えの構造」的人間関係は、利他主義を偽装した集団的エゴイズムとして理解できる。「甘え」とは「依存（dependence）」であり、日本人は基本的に「他者に依存しないで独立の自己を確立すること」から逃避し、徒党を組んで弱い自我の傷を舐め合う心性をもっているのである。これが排他的派閥形成につながることは言うまでもない。そこには真の社会性はない。それゆえ真の個人も自己も本来的実存もないのである。

「真の自己の実現」というものは、お互いの自然的利己性を認め合った合理的な契約社会においてこそ可能である。しかも面白いことに、この合理性は動物的社会の自然性と類縁性をもっている。それゆえ、真の自己を実現したいのなら、自己の内なる自然を呼び覚ましつつ、他者と社会へと関わっていかなければならない。

合理性は二つの側面をもっている。一つは人間が意図的にプログラムした整合性という側面であり、もう一つは自然の自己組織性によって形成された秩序性という側面である。一般に、もっぱら前者を合理性の体現として捉える傾向が強いが、実は後者が合理性の真の源泉なのである。自然界の物理的現象が数学によって定式化されるのはその証である。人間の知能は基本的に高度の神経組成をもった脳に依存しているが、この脳神経システムは人間が意図的に作成したものではない。それは生物進化という自然の自己組織性によって創発したものなのである。それゆえ人間原理から見た合理性も実は自然の産物なのである。このことをわきまえて、我々は自然に根差した合理性に深く聴き入り、その体験に基づいて社会の中での自己の在り方を探索しなければならない。

大都会に生まれ育つと子供の頃から自然に接する機会が少なく、人間の内なる自然がだんだん矮小なものになっていく。文明の進歩はたしかに人間の生活に高度の利便性をもたらしたが、反面環境破壊や生態系の非平衡化をも引き起こした。そもそも現生人類（homo sapiens sapiens）が誕生してからまだ二〇万年しか経っていない。これは地球上に生命が誕生してから経過した時間（約四〇億年）を顧慮すると、ほんの僅かな期間にすぎない。いったい現生人類はいつまで存続するのだろうか。次のhomo種はいつ生まれるのだろうか。こういうことを考えると、人間の知力など高が知れたものに思われてくる。このことも顧慮して、我々は自然の雄大さに謙虚に聴き入る自然体での合理性というものを探索しなければならない。

ここから自己と自然と社会は一つの円環構造を形成するものとして理解されるようになる。本来利己的な人間個体の意識的自覚態たる「自己」は、自らの内なる自然に聴き入ることによって、自然的利他性を創発せしめる人間社会の有機的構成員となりうるのである。人間社会は先述の生物社会の複雑度を増したものであり、その意味でしっかりと自然に根差している。神の似像としての人間という観念は、人間的主観性と利己性が自然から逸脱することによって生じた紛い物にすぎない。こうした観念は生来平等であるはずの人間に階層や身分を作り出す元凶となる。人間は、神ではなく類人猿、ネコ、トカゲ、ミツバチなどの似像なのである。

ある女性思想家は「神を否定する者の方がより神に近い」と言ったが、筆者はよりラディカルに「神を否定し深く自然に聴き入る者の方がより愛情にあふれた動物の子孫としての栄光を享受しうる」と言いたい。

日本の作家・有島武郎は、若い頃入ったキリスト教の信仰を後に捨て、人妻とともに軽井沢の自然に還ったが、同時に膨大な財産を放棄したことでも有名である。彼は裕福な家庭に生まれ育ったが、生涯を通して貧しい人たちへの同情心をもち続けた。彼は社会的関心が強い文人として有名で、札幌農学校での専攻は農業経済学であった。彼の思想にはたしかに自然と社会と人間の円環構造が表れている。

3　人間的生命としての人生

日本語には「人生」というおなじみの言葉がある。これは、人の一生や生涯を言い表すとともに生命の人間的側面という意味合いももっている。普通、人生と言うと、人の生き方に関する教訓じみた話を連想するが、それはまた生物学的特質としての「生命」という次元も含意しているのである。それゆえ、情感に流されずにそれを客観的に考察する途がたしかに存在する。

巷には人生に関する教訓を垂れた本があふれている。しかし、人生論というものは厳密な学を標榜する哲学の陣営からは常に軽蔑されてきた。「人生いかに生きるべきか」という問題は、個人の主観的価値観に関わるものなので、客観主義的学問の体系には組み込みがたい、とみなされるのである。

では、「人間の生命」ないし「人間的生命」という方向に話を向け変えたら、どうであろうか。哲学的人間学や生命論というものは、通俗的な人生論と違って体系的学問の体裁を取りやすい。そこで、この方向で人生について考えてみるのである。つまり、人生というものを哲学的人間学と生命論を融合する視点から論じてみるのである。ここから哲学と人間科学の接点も浮かび上がってくる。
先に触れたように、人間は精神的存在であると同時に自然的存在である。換言すると、それは心と身体、精神と物質、心理と生理、霊と肉といった対立項の綜合体である。「呉越同舟」という言葉があるが、これらの対立関係は仲の悪い夫婦が金婚式を迎えるように人の生涯についてまわる。そして、この呉越同舟を可能ならしめているのが「生命」という存在原理なのである。

生命は古くから心と身体の中間に置かれて理解されてきた。つまり、それは両者を媒介する存在原理である。「生きている」ということは「存在している」ということとほぼ等しい。しかし心身的所与の全体は、単に「物体が眼前にある」というような単純な存在様式ではなく、他の存在者ならびに周囲の環境へと関係の輪を広げながら有機的に活動するという居住的存在様態を呈している。しかも、それに時間的生成という要素が加わる。さらに、生命体は死へと向かう有限性をもっている。ただし、生命個体の死は別の生命個体の存続によって贖《あがな》われ、生命そのものは決して死なないのである。ちなみに、霊魂不滅説とか輪廻転生説というものは、この間の事情を曲解して生まれた紛い物にすぎない。

人間にはまた優れた意識能力がある。これによって人間は環境の中での自らの在り方を深く反省することができる。人生や生命の「意味」を問えるのも、この能力のおかげである。意識と意味は深く関係しているのである。

生命の意味には「個人の存在」に関わるものと「生物全般の存在原理」に関するものという二側面がある。前者は主に文学や芸術や宗教や一部の哲学といった人文系の関心領域に属し、後者は科学哲学やシステム論的自然科学といった理科系の関心領域に属している。「人生いかに生きるべきか」とか「自分って何だろう」といった個人の生き方や自己存在に関わる問いかけは、意識をもった自覚的存在たる人間に固有のもので、必然的に普遍的なものよりは個別的なものへと関心が向かってしまう。つまり、この場合問われる生命の意味は、どうしても主観的価値観や情感によって流されつつ理解される傾向にあるのだ。それはたしかに実存的リアリティは帯びているが、個人の観点を排した普遍妥当性という点では極めて弱い。それに対して、「人間と動物と植物全部に当てはまる存在原理とは何なのか」とか「生命の物質的組成はいかなるものなのか」といった生物学的問いは、個人の価値観を排した客観的視点から発するものである。しかし、これが純然たる客観性によって裏打ちされているかというと、そうでもない。そもそも「生命」や「意味」という観念なしには生物学的「生命」への問いかけすら生じないのである。ここには個別的観点と普遍的観点、あるいは主観的観点と客観的観点、または人文的観点と自然科学的観点の間での概念・事象理解の循環がある。我々は、この理解の循環を顧慮して人間的生命としての人生の意味を考えなければならない。

我々は世界の中で自己を見出す。「世界と自己」という問題は古くから哲学の根本課題であった。「世界」とは最も普遍的な概念であって、その下位概念として「環境」とか「社会」とか「宇宙」というものがある。そこで古来、「環境の中での自己の在り方」とか「社会における個人の地位」とか「宇宙における人間の位置」といった問題が立てられ、様々な議論がなされてきたのである。また「自然界における人間の地位」といった問題の立て方もある。この場合、先述の人間における自然性と精神性、あるいはその動物性と超動物性という相克が問題となる。いずれにしても、こうした問いを立てるのは、自己が世界の中で存在しているという事実に驚愕の念を覚えるユニークな存在としての人間なのである。つまり人間には、自己の在り方に関心をもち、それを世界の中に位置づける心的能力があるのだ。それが意識の力であることは言を俟たない。

とはいえ、この意識の力は決して自然から切り離された超越論的次元を示唆しない。それは感覚ないし感性を介して自然と密着しているのである。これに身体性が関わることは周知のことである。そして、この身体性は主観と客観、精神と物質の分岐以前の生命的次元に属している。ここに人間における内なる自然性の理解の糸口がある。

自然の中に生まれ、いずれ草木に帰する我々各人の人生は、自己の身体性の感覚を介して自覚される深い自然的生命性からその意味が看取される。その自然的生命性はまず内なるものとして感知されるのだが、最終的には外的自然界と連続したものとして理解される。ここに「大いなる自然との合一」が成立するのは言うまでもない。人間的生命としての人生の意味は、自然との合一感を通して顕現してくるであろう。

4　人間の本質理解を目指して

古来、多くの思想家が人間の本質を探究してきた。ある者はそれを思考と理性の崇高性に見出し、ある者は単なる遺伝子の乗り物とみなし、また別の者は社会―経済的関係の集約点とみなした。つまり、大まかに見ると精神的存在、自然的ないし生物的存在、社会的存在という三つの観点が主流をなしていたのである。そして、それぞれの観点の根底には、それに対応する世界観が存している。

世界観の類型として最もポピュラーなのは、唯物論vs唯心論（観念論）という対立図式である。唯物論は人間の本質を自然的物質性に求める。それに対して唯心論は人間の尊厳をその理性的自律性に置く。つまり、唯物論によると人間の行動と意識は動物的衝動に従い、唯心論によると自然の因果性を破る自発的な自由の自覚に基づくのである。これは一見、「この世は金次第」と言う守銭奴と「愛こそすべて」とのたまう慈善家の対立のように思われるが、そんなに単純なものではない。「世界は究極的には何からできているのか」という存在論的観点に基づいているのである。そして、そうした存在論的観点から人間の本質が規定されるのである。しかし、この二類型で現実を割り切ることはできない。そこで第三の立場が要求されることになる。

唯物論と唯心論の対立を乗り越えるのは、自然に生命性を認め、人間における心身の合一を主張する立場である。こうした立場は古来、洋の東西を問わず多く存在した。それは、アニミズムとか一元論とか同一哲学とか汎心論とか根源的自然主義とか生命主義とか呼ばれる様々な形態を取ってきた。それらに共通するのは「自己と全現実との普遍的共感と調和観に基づいている」ということである。これは、筆者の言う「君自身にではなく自然に還れ」という標語と極めて親近性が強い。

そもそも超複雑系としてのこの宇宙は物質性と精神性という人為的な二つの範疇で括ることなどできない。人間に関しても同様である。人間には科学で解明される部分と文学で表現される部分が共存している。また人間には機械として理解できる側面とそれを超えた側面が共属している。あるいは、こうも言われる。人間は心と身体の綜合であり、一見対立しているかに思える二つの項は生命の原理によって統制されているのだ、と。

我々の思考は基本的に物事を二分割して捉える傾向がある。主観と客観、精神と物質、上と下、暑いと寒い、強いと弱い……等々。先に挙げた唯物論と唯心論の対立はこの傾向を世界観上で固定したものである。たしかに二つに分ければ、物事は割り切りやすく、図式が整合化されやすく、判断が容易となる。しかし、それで事が済むと思うのは、あまりに底が浅い。我々は、二分割的思考法を真理に至るための暫定的道具として理解した方がよい。

複雑系としての現実を把握するためには二分割的思考法を乗り越える高次の観点が要請される。たとえばヘーゲルの弁証法とかメルロ＝ポンティの両義性の概念とか筆者の主張する創発の存在論などがその候補である。

まず、弁証法では、二つの一見矛盾する概念は人間の低次の思考に映った仮象にすぎず、高次の思考においてその矛盾（区別、分別）は止揚されて、より包摂的な真理へと至る、とされる。

次に、両義性の概念によると、二つの対立する項あるいは相は本来一つであるものの異なった発現形態にすぎず、片方を肯定したらもう片方を否定しなければならないということはない、とみなされる。つまり、本来一つであるものは対立相で捉えられるものの両方の性質が渾然一体となったもの、と考えられるのである。そこで、あらゆる対象はAという性質とBという性質の共存から成り立っており、視点をどちらかに固定せずに、その両義性（どっちつかずであること）に着目することが肝要である、とされる。

そして、創発の存在論では、要素の線形的加算からはシステム全体の性質は理解できない、ということが主張される。たとえば、「人間は細胞とそれを取り巻く支持組織の集合体であり、つまるところ遺伝子の乗り物である」という唯物論の見解があるが、創発の存在論では遺伝子や細胞は人間という生命システムの要素にすぎず、人間の本質はそうした要素の総和を超えるシステム的全体特性をもつ、とみなされる。しかし、創発の存在論は唯心論や二元論と違ってシステムの物質的基盤を軽視しない。要素の総和を超えるシステムの全体的特性は物質的基盤から決して切り離されない。ただ物質的基盤ないし要素には還元できない創発的特性をもつと考えるだけである。そして、物質の捉え方が深い。アリストテレスに倣って物質（質料）に形相が内在していると考えるのである（形相は物質の自発的秩序形成の原理として創発現象の基盤をなしている）。

そもそも人間は「単なる物質」と「純粋の精神」のどちらでもない。これは同時に、人間が物質と精神のどちらでもあるということ、つまりそれらの両義性からなっていることを意味する。単純な二値論理的思考法からはこの事態は見えてこない。単純な分析的思考法では、対立する項は性質的に固定されて理解され、両者間の相互反映や相互推移が決して視野の中に入ってこないので、両義性が見えないのである。

人間の本質を理解するためにはぜひこの両義性を顧慮しなければならない。つまり、自然的存在と精神的存在の両義性、個体的存在と集団的存在の両義性、心理的側面と生理的側面の両義性、文学で表現される側面と科学的に分析される側面の両義性……等々と人間における両義性は多岐に渡るが、これらを弁証法的見地から脱二元論的に捉え、かつ創発の存在論に基づいてそれを人間存在の全体的特性の把握にまで高めなければならない。

人間存在の全体性とは、またそのピュシス（根源的自然）でもある。そして、このピュシスは精神的生命性を含んでいる。自然の下に生まれ、いずれ自然に還る人間は、自らの内なる生命的自然に深く聴き入ることによって真の自己に目覚めることができるのである。これは、自己の内なる霊と肉の対立を乗り越え、全現実との普遍的共感、和解に至ることを意味する。これが「君自身にではなく自然に還れ」ということの真意である。

参考文献

（1）拙著『自我と生命――創発する意識の自然学への道――』萌書房、二〇〇七年

（2）拙著『心の哲学への誘い』萌書房、二〇〇七年
（3）L・フォイエルバッハ『唯心論と唯物論』船山信一訳、岩波文庫、二〇〇四年
（4）真木悠介『自我の起源——愛とエゴイズムの動物社会学——』岩波書店、二〇〇一年
（5）M・メルロ＝ポンティ『知覚の現象学』（上・下）竹内芳郎他訳、みすず書房、一九八七年

第2章　心の本質について

はじめに

人間の本質を知るためには、まず心の本質について深く考えなければならない。

我々は日常「心」という言葉を頻繁に使っており、その意味を熟知していると思い込んでいる。しかし、その本質的意味を改めて問われると答えに窮してしまうのが実情である。つまり、心の意味は近いようで遠く、簡単なようで難しいのである。また、その逆もまた成り立つ。

心の本質が捉え難く感じられるのは、私秘的な主観的内面性に着目してそれについて考えるときである。そうした現象は、直接眼で見たり、手で触れたり、長さを測ったり、重さを量ったりすることができない。そこで、心は非物質的な主観性の領域に押し込まれ、物質的自然界から切り離される破目になる。ここに広い意味での「心の神秘主義」が成り立つ。これは何も超感覚的世界を志向するオカルトめいたものではなく、生活実感として一般的常識人に染み付いている視点である。

こうした心の神秘主義は、唯物論を大変毛嫌いする。つまり、心の非物質性を確保することが、それを敬うことだと思い込むのである。他方、唯物論の陣営では心を物質に還元し、最悪の場合はそれを消去しようとする。しかし、この姿勢の背景には実は心と物質の二元論が存している。二つに分けて考えるから、片方に還元・解消しようとする姿勢が生まれるのである。

要するに、心の神秘主義も唯物論も物質と心の対立を乗り越えていないのである。この対立を乗り越える途は、両者を「生命」を媒介として融合することであるが、その際「自然」というものの奥深い意味を併せて考えなければならない。また、パズルになりがちな理論偏向的視点を実践的―倫理的次元へと向け変える必要がある。

「他人に対する思いやり」というのは、本来精神主義と物質主義の対立の彼岸にある。つまり理論を超えた道徳的実践に関わるものなのである。ちなみに人間の本質もまた理論的考察の彼方に超越して在る。しかし、この超越性は物質的自然界に見られる生命的秩序形成と化学的親和力と無縁のものではない。

我々は物質の中にも心を求めなければならない。人間世界の領域では、個人の内面的主観性にではなく、個と個の「間」にそれを求めなければならない。人と人との間としての「人間」とその集積体としての「社会」。これらを自然の自己組織性に照らして、その生命性の深みにおいて理解することが、心の自然（nature：本質）を捉えることにつながるのである。

本章での考察は次の順序でなされる。⑴人と人との間としての心。⑵心と生命。⑶意識と自我。⑷心の本質（自然）。

1　人と人との間としての心

「心はどこにあるのだろうか」という問いは古来おなじみのものである。歴代の思想家が下した答えは多種多様だが、やはり個人の内面に定位したものが優勢である。心は、どこか知らないが非物質的な内面界に属している、というわけである。人間の身体部位でいうと頭、つまり脳にその座があるらしい。また、胸を指して「ここに心がある」と言う者もいる。しかし、脳や心臓そのものは物質としての臓器なので、非物質的な心とは相容れないはずである。そこで古来、物質的で客観的な身体部位と非物質的で主観的な心の関係を論じる心身問題が難問として哲学者の頭を悩ましてきたのである。

ここには様々な概念上の混乱が存している。まず、「心」と「物質」という基幹となる概念自体が自明のものとして前提され、その深い次元が顧慮されていない。これは特に「物質」について言えることである。「物質」は「自然」というものの奥深い意味に照らして理解しない限り、浅はかな概念に成り下がってしまうのである。他方、「心」の方は、自称「深みのある思考」によって主観的内面性へと独断的に引き込まれる。しかし、心は本来個人の内面に限定されるものではなく、個と個の「間」、つまりその「関係」において生起するものである。それゆえ、心はどこにあるかと問われたら、それは個人の内面にではなく、人と人との間の関係空間に存立しているのだ、と答えるのが穏当である。

人と人との間の関係空間とは要するにコミュニケーション空間のことである。我々は母親の胎内で既に言語機能の基盤を担う脳神経システムを形成しているが、誕生後養育者との身体的接触を介した言語機能の獲得なしには意識を行使できない。「私は私である」という反省的自己意識が自我という観念を生み出すとするなら、他者とのコミュニケーションを欠く者は決して自我をもちえないであろう。

我々人類の約一〇億分の一の者が、他者のコミュニケーションを全く欠いた生育環境に育つことになる。その代表は有名なアヴェロンの野生児である。この野生児の症例は、人間的自我や言語能力が他者との関係なしには生じないことを如実に示している。しかし、このような例は極めて稀なものなので、人間における心や意識の発生を考える際に参照されないことが多い。ほとんどの健常者は、いつのまにか創発した自己の意識を始点として心という現象を捉えるので、他者との対話・関係が自己意識の成立根拠となっていることに目を開けないのである。ここに主観主義的心観の原点がある。哲学の一派には間主観性への着眼によって自己意識の成立を超越論的に説明しようとするものがあるが、それも既に完成した意識の主観的構成能力に依拠している限り、心の無意識的原点としての「間」には到達できない。

心の発生根拠としての人と人との「間」は、意識によって構成される以前の生命的意味をもっている。心は本来、意識を超えているのである。その超えているものを意識によって捉えようとするから、諸々のアポリアが生じるのである。

意識と無意識的生命を包摂するものとして心を捉えなければならない。そしてその際、生命というものを社会的生活の次元に置いて、意識と行動の関係を考察しなければならない。哲学者兼社会学者のミードは、社会的行動が内面的意識に先立つと主張した。彼によると、自己意識はその人の内面を原点として発生するのではなく、他者の社会的役割が自己の内面に移入されることによって生まれるのである。この「生まれる」は文字通り「受動態」を意味する。つまり、内面的自己意識の起源は自他未分の社会的コミュニケーション空間、つまり人と人との「間」にあるのだ。この外部起源説を素直に受け容れることが、「私は生かされて生きている」という謙虚な心を生み出すのである。

しかし、これを仏教的な説教臭さで説かれては困る。むしろ人間の生物学という観点から自然主義的に論じた方がはるかに有益である。仏教における「我執を捨てよ」という格言は、決して心の社会学的次元や生物学的本性を顧慮したものではなく、単純に精神主義的なものである。しかも民衆（凡夫）を騙して坊主丸儲けを画策するのだから、手に負えない。こういう偽善に関しては後で詳しく論じることにしよう。

「心は人と人との間にある」というテーゼは、一切の主観的構成主義と精神主義を排除しつつ理解されなければならない。その際、脳科学の成果も積極的に取り入れ、かつ「生きられる身体」という周知の概念にも留意しつつ、社会の情報システムがいかにして個人の意識を成立せしめるのかを精緻に考察しなければならない。

ギリシア語で世界のことをコスモスと言うが、これはまた秩序も意味する。世界にはもともと情報的秩序が備わっているのである。近代以降、世界ないし自然に秩序が備わっているのは、それが人間の主観によって把握されるからだ、という考え方が優勢になった。つまり、外的世界の秩序の源泉は人間主観に先天的に備わる精密なカテゴリーだというわけである。しかし、この考え方は前世紀に再び転倒させられた。哲学と科学の双方において。

我々は心の自然的本性（ありのままの姿）を知るために、ぜひ「間」という次元の超主観的先行的所与性を理解しなければならない。我々は、この「間」を介して自然の深みに接近することができる。そして、自らのせせこましい主観性から抜け出して、全現実との普遍的共感に至りうるのだ。ここに共存の生態学的意味が存しているのは言うまでもない。

2　心と生命

心と生命の間に深い関係があることは古くから多方面で指摘されてきた。それは哲学、文学、宗教、科学の全領域に及ぶ。文学（芸術）や宗教における心と生命の関係への視点は情感に満ちたものが主流で、人間的生死の問題に絡んでいる。他方、科学における心と生命の関係の考察はより客観主義的であり、「自らの生き方」という観点を排した理論偏重なものとなっている。核となるのは生物学的な考察で、人間の心の進化論的起源、脳と心の関係、遺伝子の働きなどが取り上げられる。もちろん、科学には自然科学以外に社会科学というものがあるし、生物学の内部にも還元主義的な分野とそうでないものがある。たとえば、生態学では生命体を構成する物質的要素よりも行動や外部の環境を重視する。こうした姿勢は、社会学や行動心理学や文化人類学と類似性をもっている。そこで、高次の知の統合を目指すシステム科学は、自然科学と社会科学を融合する形で心と生命の関係を問うのである。たとえばオートポイエーシス理論はその代表である。

哲学は二つの顔をもっている。一つは文学や宗教と親近的な面であり、もう一つは科学と通約性をもつ面である。前の相において哲学は人間の生死の問題に絡めて心と生命の関係を考察する。しかし、その仕方は文学と違って暗示や象徴という形式を取らず、厳密な概念規定を伴った理論的考察に終始する。また、芸術と違って表現の洗練よりは論理の彫琢を目指す。そして宗教と違って、批判を介さない超越的原理や彼岸信仰に訴えない。後の相において哲学は科学の成果を集約しつつ心と生命の関係の見取り図を描こうとする。その際、人間という生物が考察の中心となるが、進化論や動物心理学も積極的に参照され、生物全般を顧慮して心と生命の関係が考究される。また、社会科学の観点も導入され、社会的—政治的存在としての人間の意識と行動が基礎的次元で考察される。これに心理学や精神医学への関心が加味されることは言うまでもない。

とにかく「人生いかに生きるべきか」をひたすら沈思黙考するという従来の哲学のイメージは払拭されなければならない。もちろん、そうした人生論的問題に哲学が全く関与しないわけではない。それはたしかに熟考に価する問題である。しかし、方法論や論理の彫琢といった理論的基礎固めなしに、自らの生活体験に依拠しつつ、情感に流されるような形で人間や人生の本質を語っても、浪花節に終わるのが関の山である。本来的哲学において科学への関心と方法論の確立は必須の構成契機なのである。

西洋において心と生命の関係について初めて明確に論じたのはアリストテレスである。周知のように彼はギリシア哲学の集大成者にして万学の祖である。つまり、哲学者兼科学者だったのである。そして、彼の人柄を特徴づける要素として、田舎出身で自然をこよなく愛するという点が挙げられる。彼にとって自然はいわば「魂の故郷《ふるさと》」であった。そうした彼が魂（psyche）の本性ついて論じた本の中で、心（psyche）は生命の原理にして身体の形相であると主張されている。

ギリシア語のプシュケーには「霊魂」「魂」「心」といった色々な訳語があてられるが、その本来の意味は「生命」にかなり近い。つまり、生命そのものを意味するのではなく、「生きていることの原理」ないし「生気」といったニュアンスをもっているのである。これを一語で表すと「心＝生命《プシュケー》」となる。かなり苦しいが、アリストテレスの真意を現代語に翻訳すると、こうならざるをえない。

彼は心の基本的性質として栄養摂取能力、感覚能力、欲求能力、場所的に運動する能力、思考能力の五つを挙げている。これらは植物、動物、人間という全生命体を顧慮して挙げられたものである。そのうち植物には栄養摂取能力という心の最下層しか備わっていない。動物はそれに次の三つの能力が加わるが、思考能力はない。そして人間にはすべてが備わっている。これを翻して言うと、人間には植物的部分と動物的部分がたしかにあるということになる。つまり、人間の心は自然に根を張っているのである。

人間の高度の思考能力は、一見自然の因果性を打ち破る能動的性質をもち、動物的欲望を超越した精神的崇高性の栄冠を付与されがちだが、その根底にはやはり生命的自然の自己組織能が控えている。また、思考能力は意識の働きと密接に関係している。意識は感覚や欲求や運動の能力から切り離せないので、思考も結局はこれら心の下部構造の恩恵の上に可能なものとみなされる。実際、人間の思考能力は、進化論的に見ると、直立二足歩行と手の機能の向上に伴う脳の容積の増大によって実現したものである。また、哲学的身体論の観点から言うと、意識は身体的パースペクティヴによって骨格が形成される。普通、思考は身体運動が止んだとき生じ、自己への再帰的反省としての意識もそうであると思い込まれている。しかし、思考の論理構造や言語の分節機能や意識内容の時間空間的形式はすべて能動的ないし本能的身体運動をコード化したものとなっている。こうした観点から言うと、いわゆる「意味」というものも純粋の内面的観念ではなく、外的環境（自然的ならびに社会的）に客観的に備わる情報構造から発するものだ、ということになる。

ところで意味の究極は「人生の意味」である。「生命の意味」とか「存在の重み」と言ってもよい。こうしたものは従来、自然から切り離された精神的領域に属するものとして論じられてきた。もちろん、自然主義的考え方も少なからずあったが、主流をなしていたのはやはり精神主義的態度であった。しかし、心と生命の深い関係から人生の意味を考える際、我々はぜひ自然の奥深い働きを顧慮しなければならない。それなしには、意味の思索は宙に浮いた空虚な思弁に堕してしまうであろう。

心と生命の関係は身体の自然に根差している。そして身体の自然とは、その生理学的プロセスとともに意識に反映される運動感覚的側面も含んでいる。まず、生理学的プロセスは普通、機械論的に理解されて、意識のもつ精神性に過度に対置されがちだが、その情報処理の循環的様相は生命システムの自己組織性を意味し、実は心と連続性をもっているのである。心身医学の臨床的データはこのことを証明している。心身症においては「無意識の領域へと抑圧された複合感情《コンプレックス》」と「予期せぬ身体症状の発現」、ならびにそれに対する「意識的煩悶」が共存するが、このことは人間の心における意識と無意識の連続性ないし表裏一体関係を示唆し、ひいては心と身体、心理と生理の生命的相即性を暗示している。

一般に心の中核をなすのは意識であるとみなされ、その私秘性と非物質性が過度に強調される。そして、自然から切り離される。しかし、我に返る働きとしての意識の根底には、自然に還ろうとする身体の無意識的で生命的な自己組織運動が存している。我々はこのことを銘記して意識の働きの意味を捉えなければならない。

3　意識と自我

我々は日常の生活において特に自分を意識することなく、対象との交渉に身をやつしている。つまり、我々の心的生活のほとんどは無意識的認知活動によって支えられているのである。日曜大工で数時間器具や木材と格闘した後、その工程を振り返ってみると、そこには「私とは何だろうか。なぜこういう作業をしているんだろうか。こんなことしていていいんだろうか」と意識を自己に集中させる「私」はいない。これは長時間のドライブやスポーツ観戦にも当てはまる。その間、我々は自らの行為を逐次モニターすることなく、認知機能をきちんと行使していたのである。

そもそも意識を自己に集中させるためには、対象との交渉と身体運動を一旦停止しなければならない。そのようなことが起こるのは生活過程のほんの一部分においてである。しかし、強いモニター機能によって自己へと集中した意識は、その内容の濃さと質の高さにおいて群を抜いている。そこで、心の他の要素を差し置いて、その中心に躍り出るのである。「かけがえのない自己」というのは、自己意識によって捉えられた「唯一無二の〈この私〉」を意味する。そして、「この私」が意識の担い手、ないしその中心的極としての「自我」とみなされる。

意識と自我の関係は古来多くの思想家によって様々な仕方で論じられてきた。それを大きく三つの傾向に分けると、(a)意識＝自我、(b)意識∪自我、(c)意識∩自我となる。

まず(a)について。この考え方によれば、自我は意識の働きそのものとなみされ、無意識の領域は排除される。また、意識に属する非反省的ないし非再帰的認知機能は重視されない。意識の機能には、対象へと関わる情報摂取的側面と自己の状態に注意を向ける再帰的側面がある。両側面が一体となって意識の生活を成り立たせているのだが、この立場では、自己の内面へと向かう意識の側面が過度に重視され、無意識の領域へと連なる機能的拡がりが視野から抜け落ちている。そして同時に自我の存在も矮小化されている。自我は反省によって捉えられる単なる主観性には尽きない。それは意識の内面を超えて環境へと延び広がっているのだ。意識自体もそうである。

次に(b)について。この観点は、自我を意識の一部とみなすものである。その際、たいていそれは意識の中心に置かれる。「中心に置かれる」と言うと、それが何か最高の価値をもつとか、総元締めであるように聞こえるが、必ずしもそうではない。むしろ、自我は意識に従属する一契機だという意味合いが強いのである。近代以降興隆した超越論的主観性の哲学において、この傾向が見られる。また、近年の心の哲学における機能主義的思考法にもこの傾向が表れている。意識はたしかに自我という極を超える包摂的機能をもっているが、自我もまた反省によって捉えられる主観性を超えた生命的本質を有しており、それによって自然と深い絆をもっているのだ。しかし、この観点では、意識も自我もともに矮小化され、かろうじて意識の優位が主張されているにすぎない。

最後に(c)について。この立場によれば、自我は意識による狭い主観的構成能を超えて無意識の領域へと連なったものとみなされる。それと同時に、意識自体も主観性の枠を超えて、身体性・行動・環境という三契機へと拡散する包摂的現象として理解される。ただし、こうした考え方は、自我をもっぱら「この私」という個別性から捉え、意識を環境から切り離された主観的内面相から把握することに慣れきった者には、その核心が分からない。つまり、すぐに(a)や(b)の観点に逆戻りしてしまうのである。この悪循環から脱出するためには、古来言い伝えられてきた「大いなる我」という観念を宇宙論的次元にまで拡張し、それによって「小さな〈この私〉」のせせこましい主観性を乗り越えることが必要である。

それは同時に意識が主観的構成の枠を超えて「経験」へと延び広がっていることを理解せしめるであろう。

一般に心は主観性を核とする人間的情感に満ちたものとみなされている。そこで、多くの人は植物や動物には心を認めたがらない。岩石や雲に心を認めることなどもってのほかである。いわゆる「近代的自我の発見」がこのことを確証したと思い込まれている。つまり、心というものは、それを内側から捉える確固たる「私」というものなしに、認識できないし、それゆえ存在しないというわけである。これは、たしかにもっともらしい意見であり、現代人の常識ともなっている。しかし、それは決して心の生命的本質には到達していない。また、心と自然の深い関係も理解できていない。

我々は無意識の状態でこの世に生まれ、長い年月を意識と無意識の交互作用に費やし、最後はまた無意識の自然に還るのである。この全過程が生命的心である。それは、無意識の認知活動という大海が基盤となり、その海上にときおり意識の小船が浮かぶような様相を呈している。

人生はよく旅に喩えられる。それはまた荒波に満ちたものと言われる。荒波に逆らう小船の力には限界がある。自然の流れに身を任せ、意識を無意識に従属させたとき、心の生命的本質が体得できるのである。

要するに、意識と無意識の間には断絶などないのである。無意識は頻繁に意識に浸透してくるし、意識は無意識的様態でも機能しているのである。意識には自覚的側面と非自覚的側面が共存し、それによってその活動が円滑化されている。意識の最も低い層は睡眠と覚醒を区別するものであるが、この層においては無意識と意識は渾然一体となっている。その上に対象の認知と自己の反省という意識の高次機能が乗っかっているとするなら、主観性の色彩が濃くなる意識の層においても無意識は強い痕跡を残しているはずである。

意識の把握と自我の理解の間には循環があるので、意識を以上のように無意識と連続させると、自我も自然へと拡張されて生命性を獲得する。それは自他の区別を超えて生命の大いなる連鎖へと深く帰依することにつながるであろう。

4　心の本質（自然）

他人の心は、その人が発する言葉からしか推し量ることができない。これはほとんどの人の信念となっている。だから、言葉を全く話せない人の心は知りえないものとみなされる。前にも触れたアヴェロンの野生児（ヴィクトール）は、十数歳で捕獲されたとき全く言葉が話せなかった。その後医者にして心理学者であったイタールによって懸命な教育がなされたが、結局少数の単語を獲得するにとどまった。筆者は、拙著のあとがきで「ヴィクトールであるとはどのようなことか」を知りたいと述べたことがある。つまり、「ヴィクトールの立場から見たら、自己と世界はどのように感じられるのであろうか」という問いをなげかけたのである。ある哲学者（現象学専攻）は、この問いかけに疑念を呈し、「言葉を話せないものの意識は知りえない」と憤慨した。

現象学は意識と経験の本質を探究する哲学の一流派である。その思考原理は、「自らの意識にありありと現れるもの以外信じないこと」にある。この考え方はデカルトにかなり近いが、現象学者は自分たちの方法はデカルトのような主観性の立場とは違うと言い張る。つまり、自分たちの立場は意識内在主義でも主観的構成主義でもない、とのたまうのである。しかし、自分の意識にありありと現れるもの以外信じない、という思考態度は独我論の表明以外の何物でもない。

デカルトは、方法的懐疑によって自分の身体と外的物質世界の存在を一旦エポケーし、「考える私」の存在を唯一確実なものとみなした。これが有名な「我思うゆえに我あり」というテーゼの内実である。この考え方はたしかにフッサールの現象学と似ている。しかし、両者は基底層においてはやはり異なる。デカルトにおいては、一旦疑われた物理的世界の存在は、神による創造行為によってその実在性が取り戻され、それと同時に自我の存在の絶対性も取り消されるのである。これが、無限実体としての神の下に有限実体としての物質と精神が同時存立すると主張する実体二元論の内実である。つまり、デカルトにおいて主観性による構成作業は暫定的なものなのである。それに対して、フッサールのやり方はよりラディカルに主観主義的である。彼は、簡単に言うと、物質も精神も「現象」に還元してしまうのである。「現象」とは「意識にありありと現れたもの」であり、その「本質」を直観するのが現象学なのである。これでは物事の本質を捉えるのは個人の主観性のように思われるが、現象学者は「そうではない」と反論する。現象の本質を看取するのは、個人の主観性ではなくて、超越論的主観性という普遍的な論理構造だというわけである。

随分とうまくできた舞台装置ではあるが、これでは意識の本質も心の核心も理解できない。現象の本質を看取するだけでは自然の実在性にはとどかない。心は本来、自然的存在であり、主観による構成の枠外にあるのだ。そして、前述のように無意識的生命の働きを携えている。しかも、その無意識は意識によって構成できるものではない。意識によって構成できるような無意識は拡張された主観性にすぎず、心の実在的次元としての自然的生命性とは無縁である。

まず、フッサールの思考原理では現象的意識も自己意識ももたない乳幼児や動物はそもそも意識をもたないものとみなされる。これはデカルトの思考原理においても同様である。現象的意識とは、自分でイメージを構築し、その質感を看取できるような現象性を伴った意識のことである。また自己意識とは、そういう意識の現象的内容が自分に帰属するものであり、自分が意識の主体であるということをしっかり認知しているような心的機能である。「私は私であり、他の誰でもない」という自覚がこの機能の中核をなしている。しかも、この自覚には「他人は自分とは違う彼自身であり、私と同様の〈かけがえのない自己〉をもっている」という認識が裏面として随伴する。

こうした心的能力は一般に少年期以上の成熟した人間にのみ明確に認められるものである。しかし、心は意識を超える存在だし、意識自体も現象的意識や自己意識には尽きない。ところが、普通、意識は現象的意識と自己意識によって特徴づけられるものとして受け取られ、それらとほぼ等値のものと思い込まれている。だから、先述の「無意識的意識」といった概念に疑念を示すのである。

認知心理学や認知哲学（特に機能主義の心の哲学）では、現象性や自己性を伴わない機能的意識というものを想定する。これは自己意識や現象的意識の下層ないし下部構造を形成するもので、身体運動や行動と密着した認知機能を担う意識の側面である。ところが、日本語の「意識」の概念には（英語のconsciousnessやドイツ語のBewußtseinでも同様だが）、脊髄反射のような無意識的身体運動は帰属するものとみなされない。自由意志とその現象的質感が伴わないものは意識の範疇から外されるのである。脊髄反射は少し極端な例だが、それ以外にも、睡眠から覚醒への移行とか、その逆、あるいは御馳走を一心不乱に頬張っているときとかには行動が狭義の意識に先行している。テニスの試合中にボールを懸命に追う動作も半ば無意識的である。ミスター・ジャイアンツと呼ばれた名三塁手・長嶋茂雄は、その動きをよく「野獣の勘」と形容された（もちろんポカも多かったが）。彼ほどではないが、我々もときおり「野獣の勘」を多かれ少なかれ示す。これは、意識の根底が無意識的身体活動の生命性に直接連結していることを意味する。

自由意志を行使し、心的イメージを構築し、自分が自分であるという明確に自覚できることをもって「意識」の所有条件とすることは軽薄な考え方である。意識はもっと根が深いのである。それは脊髄反射や内臓感覚のような身体の無意識的生理活動の質感にまで関わってくる。しかも、それはフッサールが想定するような身体感覚（キネステーゼ）の現象性には尽きない。そのような現象性をもたない、全く機能的な身体運動の次元に属す意識の側面というものがたしかにあるのだ。こう言うと、「それは人間機械論だ」と言う人がいる。しかし、生命体である人間のもつ機能性は、機械のもつ性質とは基本的に違う。二元論者や現象学者は、機械性と機能性の区別を知らないのである。彼らの思考の根底には主観と客観、ならびに物質と意識の二元分割的対置図式がでんと控えている。二元論者においてこの傾向は明瞭だが、現象学者は現象への還帰においてそれを乗り越えたと自己満足しているだけで、実はまだそれから少しも抜け出せていないのである。

人間は生命体である。心も意識もこの「生命体である」ということに深く関わっている。ちなみに、「生命体である」ということには、それが生物進化の過程を経て現状態になっていること、つまり今あるような身体の解剖学的構造と生理学的システムをもっていることが属している。しかも、それらは単なる物質性ではなくて、環境の中で他の生命体や自然物質と行動的に交渉する身体的活動の生命的機能性を示唆している。そして、この生命的機能性の心的側面として意識というものがあるのだ。

意識の自然的本性を捉えるためには以上のことを顧慮しなければならない。そして、それを捉えることが「心の自然」を理解することにつながるのである。

心は生命体の生命活動に淵源する自然的現象である。ところが、心の先鋭的機能としての意識が高度の現象性と再帰的自己性を獲得すると、意識そのもの、ひいては心そのものが人間のみに帰属する人為的現象のように思えてくる。先に挙げたデカルトやフッサールの主観的構成主義はその傾向を代表するものだが、一般人の常識にもこの考え方は深く食い込んでいる。それは言葉使用にも表れてくる。たとえば日本語の「精神」に込められた観念は、心の人為的神聖さを象徴している。日本人は動物に百歩譲って「心」を認めるが、それに「精神」を認めることは決してない。また、日本人は世界一精神病に対して偏見が強いと言われるが、これなども「精神」という概念の偏屈的理解を暗示している。心臓や肝臓の機能が壊れたり、骨折したり、失明したというのなら誰も偏見をもたない。しかし、「精神」が異常をきたしたとなると態度は一変する。

「精神が異常になる」ということは「自分で自分をコントロールできなくなる」ということであり、現象をありのままに見て、その主体が自分であるという現象学的意識を失ったものである。こうした欠陥状態がそのまま「心を失っていること」として受け容れられ、結果として精神病者は忌み嫌われるのである。もし心が身体の物質的活動の延長上にあり、それと質的に異なることなどないと承認されれば、精神病も肝臓の機能障害と同類のものとみなされ、偏見は生じないであろう。そして、これが「精神病の自然」を理解するということなのである。

それと同様に、心の自然を理解するためには、意識の自己中心性を放擲《ほうてき》し、それが身体的自然に根差した生命的現象であることをしっかり把握しなければならない。生命の働きには、エントロピーの増大に抗して秩序を形成すること、他と共存すること、自己複製すること、個体が死ぬことによって全体としての種が存続すること、などが含まれる。こうした現象はすべて宇宙の進化に根差した自然的現象である。自然にもともと生命を創発せしめる「秩序の原基」といったものがあったからこそ、一見奇跡のように思える「物質から生命への進化」が起こったのである。

我々は、雄大な自然の現象やその繊細な秩序に面して驚愕の念を覚える。そして「なぜそもそも私はこのような整合的秩序をもった宇宙に生まれたのであろうか」という感慨に浸る。こうした宇宙意識の自然的根源を探ることが心の自然（nature）、つまりその本質（nature）を捉えることにつながるのである。たとえ、それを問う人の人生が波乱万丈、紆余曲折に満ち、彼の善行が報われないとしても。

参考文献

（1）J・M・G・イタール『新訳　アヴェロンの野生児』中野善達・松田清訳、福村出版、一九九九年
（2）G・H・ミード『精神・自我・社会』河村望訳、人間の科学社、二〇〇二年
（3）アリストテレス『心とは何か』桑子敏雄訳、講談社学術文庫、二〇〇五年
（4）デカルト『省察』山田弘明訳、ちくま学芸文庫、二〇〇六年
（5）E・フッサール『デカルト的省察』浜渦辰二訳、岩波文庫、二〇〇七年

第3章　心身関係論

はじめに

心は身体という自然に深く根差している。そして身体は外部世界の自然と連続性をもっている。それゆえ心と身体の関係を問うことは、結局心と自然の関係を問うことに帰着するのである。

西洋の哲学は古くから心と身体の関係を取り扱ってきた。そして近代以降、主観と客観、内部世界と外部世界の峻別が深く自覚されると、二つの異質な実体ないし現象としての心と身体の関係を問う「心身問題」が難問として際立ってきた。この問題設定において心は物体性と空間的延長性を剝奪されて、物質の対極に置かれる。これはデカルトの体系において明瞭だが、ある意味で古代以来、民衆の暗黙の了解事項となっていたものである。そして、その傾向は今日まで波及している。その意味で、ジェームズが「常識と通俗的哲学は徹頭徹尾二元論的である」と言ったのは的を射ている。典型的な心身問題の舞台設定では、心と身体の連続性、ならびに両者を包摂する自然という観点は見えてこない。二元論的思考は、心と身体をわざと相容れないように対置しておいて二つの関係を問うので、アポリアにはまる一方なのである。心と身体にはたしかに相反する性質があるが、それは一面にすぎない。しかし、二元論的思考はそれを過度に強調せずに済ますことができないのである。

それに対して、より穏当なのは、心に無意識的生命という根っこを認め、それによって身体の生理的活動ないし生命性との連続性を見出す視点である。心と身体が相関性を有し、さらに進んで相互浸透性ないし相即性をもっていることは我々の生活実感だと思う。それは理論が生じる以前の「生きられた感覚」に属している。身体の状態が感覚や情動や意識、さらには思考にまで影響を及ぼすことは誰もが日常体験していることであろう。生物の身体はもともと自然の中で活動し生命を維持するようにできているので、その身体の活動の統制を請け負う心と相即性をもつのは当然なのである。

この観点を承認すると、心と身体を二つの実体に分けずに、両者の生命的相即性に照らしてその関係を論じる姿勢が生じる。それを心身問題に対して「心身関係論」と呼ぶことにしよう。

心身関係論は、人間の本質をその生命的内実に照らして考察し、さらに具体的行動の倫理的―実践的次元を顧慮するので、概念分析や理論的省察に偏向することはない。つまりそれは、生活という具体的意味連関の中での「身の振り方」を心身統合的に考えようとするものなのである。それゆえ、各人の生き方、社会的問題、健康の維持、教育、医学といった領域に応用可能な「臨床の知」に属している。そして、最終的には「心と自然」という包括的問題へと収斂していく。その意味で心身関係論に関する熟考は、「君自身にではなく自然に還れ」という究極目的に大きく寄与するのである。

考察は次の順序でなされる。⑴霊と肉の相克から心身の合一へ。⑵生きられた感覚としての身体の自然。⑶不安の臨床哲学。⑷生命のリズムと心―身の調和。

1　霊と肉の相克から心身の合一へ

心身関係についてのいささか古い言い回しとして「霊と肉の相克」というものがある。これは主にキリスト教における人間観で問題となったものだが、日本においては明治から昭和初期にかけて多くの文人がその問題と格闘した。西洋ではトルストイなどが有名である。彼の思想的葛藤は近代日本の作家に強い影響を与えた。

哲学的心身問題における心と身体の実体論的分離や性質論的区別はどちらかというと理論に偏向しており、人の生き方という倫理的―道徳次元には直接タッチしない。そこでは静観的態度で認取された心と身体の関係ないし両者の相互作用が関心の的なのである。そして、それに付録として倫理学的考察が加わる。あるいは、それがない場合もある。

心身問題への関心を駆り立てているのは、「あの繊細で崇高な人間の心が身体の機械的な物質過程から生じるわけがない」という素朴な感慨である。これは、たとえば近代の医学的唯物論や今日の遺伝子決定論と唯脳論に対する強烈な反感として現れる。それは、表向きは人間存在と世界の存在領域に関する理論的興味から発しているように見えるが、その裏には「世界の中での身の振り方」という実践的問題意識が控えている。それはまた、対象化的観点に対抗する「主体的な思考姿勢」であると言える。

そもそも理論と実践の完全な分離というものなど存在しない。あらゆる理論的考察の背後には実践的関心が影のように付きまとっている。それゆえ、一見パズルのように思える心身問題の背景には「霊と肉の相克」という道徳的問題が存し、常に前者に影響を与えているのである。このことは、心身関係に「生命」という第三項を加えて考えると、より明瞭となる。もともと人間が心と身体の関係に興味をもったり霊と肉の相克に悩んだりするのは、人間が生命（つまり、自らが生きていること）の意味や価値を問い求める形而上学存在だからである。

人間の中には「動物的欲望を抑えて理性を働かせなければならない」という霊の声と「気の赴くままに自然的欲求を満足させよう」という肉の誘惑が共存している。この霊と肉の対立は人によって様相が違い、どちらに傾くかはその人の資質による。トルストイなどは、もともと肉の誘惑が強いタイプで、それに対する自意識過剰な抵抗として禁欲主義的理想主義への偏向が生じたのである。民衆の多くは、そのような偏屈的態度は示さない。霊と肉のどちらかに「若干、自然と傾いている」だけである。そして多くの場合、肉の誘惑が優位を示す。これは一見、自然で健康なように見えるが、それで万事落着とみなすことはできない。やはり肉の誘惑をそのままにしておいてはならないのである。

霊と肉を分離し過度に対立させるから、誘惑は肉に理性は霊に、という二元論的見方が定着してしまうのである。実は、霊にも悪しき誘惑はあるし、肉にも自然的慈善傾向が備わっているのだ。霊の悪しき傾向としては、宗教的精神主義者による啓蒙的自然主義者や社会改革的唯物論者に対する迫害がある。これはひどい場合には虐殺に及ぶ。これは霊が肉という伴侶を置き去りにして、偽りの精神世界へと逸脱した結果である。

人間には死に対する恐怖が生得的に備わっている。そして、それに同伴するように永遠の生命への幼い希求が備わっている。肉や物質の世界は不純で滅び行くものであるのに対して、霊や精神の世界は潔癖で不滅だというわけである。しかし、よく考えてみると、こうした思慕は全く理性的なものというよりは、肉の誘惑の一形態とみなしうる。事実、多くの精神主義者や宗教家は、民衆の死の恐怖につけこみ、永遠の生命を約束するとか言って、実は金儲けを企んでいる。肉の誘惑は、一見対極にあるかのように思える精神主義的態度にまで食い込んでいるのである。

人間の意識と行動には必ず「生の欲求」が付随する。フロイト流に性欲を根底に据えて、その支配力を強調するのは行きすぎであるが、一見理性的に思われる行動の根底に自己満足という生の欲求が控えていることはたしかである。問題は、この生の欲求をどうコントロールして悪い方向に逸脱させないかである。極端な禁欲主義的理想主義も過度の快楽主義も、このコントロールがうまくいっていないのである。

人間における霊と肉の相克は、この不具合から生じる。それに対して、生の欲求を自然の流れに任せて、心と身体を生命的に統合することが、真の自己実現へと導くのである。そのためには、まず理論的基礎次元において心と身体の二元論を克服し、かつ意識と行動の弁証法的統一を実現しなければならない。また、実践的次元においては他者の言葉に謙虚に耳を傾け、開けた対話の場を設けて、お互いの不備を指摘し合い、それを自己実現の糧としなければならない。しかし、閉鎖的派閥形成には常に警戒が必要である。口先だけの偽善的な対話主義は、「自分を開くことが大切だ」と言っておきながら、結局は意見の合う者同士の排他的集団になりがちだからである。その最悪の例はオウム真理教のようなカルト集団である。オカルト志向の新興宗教は、たいてい軽薄な精神主義と猥雑な身体性賛美の粗野な併合から成り立っている。

真の心身合一は、心と身体が「自然」という共通の根源から派生した生命の相であることを理解し、それを実践の場に生かしていくことによって可能となる。人間は生きるために理論と実践の分離的統一を必要とする。そして、それと同様に心と身体の分割的統合を必要とするのだ。この場合の「分離的」とか「分割的」というのはお互いを排除し合っているという意味ではなくて、全体としての生命システムが円滑に作動するように仕事が区分けされているという意味である。それはちょうど、株式会社の経営システムが人事課と営業課の区分けによって円滑化されているのと同様である。それらは相容れないものではなくて、協力の関係にあるのだ。

人間は生物進化の過程で、直立二足歩行と言語と高度の社会制度を獲得した。進化の過程をさらに数億年遡ると、そこには視覚と触覚の区別がなく、それゆえ意識と行動の区別がない原始生物に行き着く。

もともと生物、つまり生命システムには心と身体の区別などなかったのである。これはこの区別が定着した人間にもまだ痕跡を残している。そして、それは原初的身体感覚として意識の最低層にときおり顕現する。それに深く聴き入り、自らの魂の故郷《ふるさと》としての自然の生命性に目覚めることが、真の心身合一に導くのである。

2　生きられた感覚としての身体の自然

人間の身体は二様に捉えられる。まず、解剖学と生理学が説明してくれる物質系としての身体という把握がある。これは最も一般的な理解で、民衆が「身体」と言うときには、ほぼこれを指している。それに対して、生きられた感覚に満たされた身体というものもたしかに存在する。これは平たく言うと身体感覚ないし身体意識ということになるが、単なる主観的観念ないし心的イメージにとどまるものではない。つまり、一方に身体の活動様態を見守る意識があり、その観察対象として物質的身体がある、ということではないのである。

我々の現実把握は基本的に二元論的であり、主観と客観、心と物、意識と行動という対概念を基本図式としている。しかし人間的現実はこの枠の中にはすんなり収まらない。むしろ、この対置図式がそこから派生してくる根源として「生きられた身体の自然」といったものがあるのだ。

物質系としての身体、換言すれば純然たる物体としての身体という概念が発生する背景には、我々が身体というものをさしあたって他者のそれを通して知覚するという事情がある。頭があり、その下に首と胴体があり、それに四本の手足が付いている、という物体的身体像は、自分を観察して得られたものではなく、他者の身体や書物に載った図を通して認取されたものである。そのように見られた身体は、たとえ活動中のものであったとしても、内的感覚によって賦活されていることが直接自分のことのように認知できない機械的なものに思える。他方、自分が普段感じている鮮烈で切実な感覚や感情や意識の質は、どこか身体の外の対象化されない領域にあるように思える。これは、「身体」というものをとりあえず他者の客観的身体から理解し、それを自己の主観的感覚の対極に置いた結果である。本当は自分が直接感じている身体の活動こそ「身体」そのものなのだが、主観―客観図式が災いして他者の対象的全体像の方がその位置に繰り上げられてしまったのである。

そもそも生物はなぜ身体というものをもつに至ったのであろうか。生物の本質は生命によってアニメイトされていることである、とアリストテレスふうに定義することができる。生物の身体は、死せる物体ではなくて、環境の中で他の生物と共存しつつ活動するためにシステム化され、それが自らの感覚に反映するようになっている。そして、その感覚が複雑化し自己再帰性が高度になると人間に見られるように意識を創発せしめるのである。普通、解剖学は死せる物体としての身体を取り扱うものであり、生理学は活動中の身体の物質過程を静観的―機械論的に分析するものだ、と思われている。しかし、それらが取り扱う身体はもともと生命のシステムの発現したものである。それゆえ、それらは人間の感覚や意識と無縁のものではない。ただ生命システムの発現の位相が違うだけなのである。

基礎医学の分野ですらそうだとするなら、臨床医学ではなおさら意識と身体の二元分割は成り立たないことになる。よく、近代の心身二元論の下、心を排除した冷徹な機械論的技術が臨床医学をここまで進歩させたという意見がまかり通っているが、それは表層的な見方にすぎない。臨床医学は、心を排除したからではなく、旧来の神話的疾病観から抜け出したがゆえにここまで進歩したのである。そして心は主観的意識ととどまらない生命的現象である。心身二元論が分かっていないのは、心が無意識的生命を介して身体と直結しているということなのだ。

身体は単なる物質機械ではないし、自然も同様である。両者とも生命的原理によってアニメイトされ、それゆえ自己組織化するのである。こういう考え方はよく擬人化だと揶揄されるが、それは当たっていない。最初に人間の観念があって、それを外的自然界に投げかけていくという考え方があるから、自然に目的性や生命性を認める立場を擬人化として却下するのである。ここには概念把握ないしカテゴリー形成における主観の優位が認められる。それに対して、自然有機体説はホワイトヘッドの思想に特徴的なように客観の優位によって成り立っている。

周知のように、ホワイトヘッドの自然観はプラトンの『ティマイオス』を継承している。『ティマイオス』によると、宇宙（自然）はプシュケーによって賦活される一つの巨大な身体であり、その縮小形として人間の身体があると想定される。それゆえ、天体の運動も物質界の秩序も人間の身体の臓器の組成もすべて形相（永遠的範型）の発現だということになる。ちなみにプシュケーは、心とか霊魂を意味すると同時に、物理的世界をアニメイトする生命的原理も意味する。この点を敷衍していくと、心と身体と自然は三位一体の構造をなしており、その根底にアニメイトの働きを核とする生命原理がある、ということになる。こうした生命原理に則れば、心と身体は自然的一体性をもつものと理解できるようになる。そして、この自然的一体性を主体に感得せしめるのが「生きられた身体の感覚」なのである。

人類の祖先はアフリカの熱帯雨林に生まれ、そこで植物と密接な関係をもっていた。我々現代人が植物の花や実に優れた感覚質を見出すのは、人類の古い祖先の身体的自然感覚の遺伝的反映以外の何物でもない。その他、冷暖の感覚、筋肉が伸び縮みする感覚、眩暈《めまい》や逆立ちの際に感じられる全身の感覚、明暗の知覚、日光の感触、季節感の身体的―気分的反映、重力が意識の低層に表れる感覚、動物に対する親近感、爬虫類に対する嫌悪感、水泳によって感じられる水と身体の一体感。こういったものはすべて自然と一体になった我々の身体的意識の発現なのである。そして、それらはすべて生物進化の過程を凝縮している。

心は意識を超えて身体と自然に直結している。しかし、心の下位概念たる感覚や意識も身体的自然から決して切り離されず、それゆえ物理的自然界と深い縁をもっているのである。我々が「生きる」ということは、自然という巨大な身体の中で自己の小さな身体を活動させるということに等しい。その場合、両者はアニメイトする生命原理によって深い共鳴関係をもち、それが原初的感覚を介して意識の低層に現れるのである。そして、そのとき意識と身体は生き生きと統一されている。心身関係論を充実させたいのなら、このことは銘記すべきである。

3　不安の臨床哲学

我々は自らを危険から守るために恐怖心というものをもっている。また、自己の在り方に関心をもち、生きていることの意味を問うがゆえに現在の状態に安住できない。不安とは、この安住できない意識を指している。

恐怖と不安は類似の概念で、一見その間に明確な区別はないように思われる。しかし厳密に定義すると、恐怖が特定の対象に向けられた心理状態であるのに対して、不安は「自己の在り方」への非対象化的関心から生じる意識であると言える。たとえば、山道を独りで歩いているときにクマに出会ったら、誰もがそれに対して恐怖心を覚える。これはクマという特定の対象に対する感情である。それに対して、将来の生活が不安だという場合、たとえその感情が「将来の生活」という対象に向けられているとしても、やはり「襲いかかってくるクマ」のように特定化しにくい。特に「漠然と不安だ」と感じる場合、その非対象性が際立ってくる。

このように恐怖と不安は区別されるが、常識にたがわず共通する部分ももっている。恐怖は不安が特定の対象に向けられてモノ的に顕在化したものとみなせるし、不安は個別的恐怖の背後にある普遍的感情として、モノではなくてコトに向けられているものと考えられる。たとえば、ある人が「自分の将来が不安だ」と言う場合、その「将来」というものは就職とか結婚とかローンの返済とかリストラなどの色々な要素を含んでいる。それらが全部集積し、かつそれが我が身に降りかかってくることを懸念して、将来に対する漠然とした不安が生じるのである。そして、その背後には「そもそも自分が生きている」ということに対する普遍的感情としての不安がある。つまり、不安は根本的には「自己の存在に関する意識」なのである。

精神医学の臨床でも不安と恐怖は密接な関係をもつものと理解されている。閉所恐怖、尖端恐怖、不潔恐怖、対人恐怖などの個別的恐怖症の背後には普遍的な不安神経症が横たわっている。それゆえ、神経症の治療においては個々の恐怖症状にのみ着目しないで、その症状の根底にある「患者の全人性として不安」を理解しなければならない。そしてこれは、不安に関する教科書的な理解からではなくて、現実に目の前にいる患者の生活歴と人格性、ならびに体質を顧慮した観点からなされなければならない。近年不安の脳内神経機構がますます明らかとなってきたが、そのデータを参照する際にも患者の全人性と世界内存在様態は十分顧慮されるべきである。なぜなら、実験室的状況において確認された不安と脳内の特定の神経回路の活動との相関は、実は個別的不安としての「恐怖」と神経回路との関係にすぎないかもしれないからである。

たとえば、精神科において使われる抗不安薬は、ＧＡＢＡ（γ‐アミノ酪酸）という抑制的神経伝達物質の働きを賦活する作用をもっており、これを飲むと患者の不安状態は鎮静化される。この効用は特に急性的パニック状態において顕著である。健常者においても不安は脳内ＧＡＢＡの働きによって自動的に鎮静化されているが、不安神経症の患者の脳においてはパニックを引き起こす興奮性神経伝達物質の自動抑制がうまくいかないのである。そこで薬の助けを借りるということになり、それは相応の効果を発揮する。しかし、薬による不安の一時症状の沈静化は、その背後にある患者の全人性から発する根源的不安を十分治療できない。

そもそも根源的不安は治療し去るべきものではないのである。精神科の全人的治療は、悪しき不安を乗り越えて、患者を真の自己実現へと導く「生の不安」に気づかせるものでなくてはならない。なぜなら根源的不安とは、個別的不安の背後にある総元締めとしての「死に対する不安」だからである。しかし、これは死の危険が間近に迫ったことに対する恐怖とは違う。

我々は、自分のしたことや生き方に疚《やま》しいところがある場合、不安を感じる。「これでいいのだろうか」というあの感じである。たとえば、ある組織の不正に参与した人が口止め料を貰って、そのことを隠している場合、彼は不安を感じる。この不安をよい方向にもっていくか悪い方向にもっていくかは彼次第である。もし口外すれば、彼の地位は剥奪され路頭に迷う。それに対して、もし隠し通せば彼の地位は保証される。しかし組織自体が第三者によって告発されれば、彼は逮捕される。彼はこのジレンマに悩まされ、不安という気分もまたどちらに赴くかの選択を迫られる。これは地位を喪失したり逮捕されたりすることへの恐怖の根底にある「生の不安」を暗示している。

不安は実は「良心の呵責」と関係しているのである。楽天観を信奉する人は「くよくよしないで明るく押し切れ」と叱咤激励し、不安を拭い去ろうとする。たしかに、それで一時的に気分は明るくなるが、後に取り返しのつかないことになる。一見忌々しい不安は実はこれに対するアラームだったのである。

恐怖が危険に対する即時的アラームだとするなら、不安は長期的展望に立った危機信号なのである。

不安は精神科の臨床で観察されるとともに人間に普遍的な感情でもある。あるキリスト教系の哲学者で「不安は悪である」と断言している人がいた。その人はまた精神病に対して侮蔑的な感情を抱いていた。昭和初期に生まれた人なので、そのような偏見が強いのは仕方ないにしても、その他の点でもあまりに幼児的な楽天観に浸されているように筆者は感じた。

よく人に対して「明るい」とか「暗い」という性格づけがなされるが、これを普遍的価値評価に転換することは許されない。道徳哲学の基本は快・不快の感情を善・悪の価値評価に転換してはならない、ということにある。不安はたしかに不快であるが、そこからそれが悪であるということは帰結しない。今日、日本では貧富の差がいよいよ顕著になり、多くの派遣労働者が路頭に迷い始めている。そのような危険のない高額所得者は、自らの身に不安を感じないと同時に、貧しいものに対する同情心ももたない。本来、不安はホームレス予備軍とともに高額所得者にもあるべきなのである。そもそも高額所得者は低所得者のおかげで生きているのだから、前者に対して良心の呵責を感じるべきなのである。

何も「くそ真面目になれ」と言うつもりはない。「少しはそういうことに配慮しろ」と言いたいのだ。「若者よ不安を抱け。不安こそ成長の証だ」という格言があるが、これはそのまま高額所得者に当てはまる。

このことを考える上で参考になる二つの偉大な魂がある。それは有島武郎と太宰治である。二人についてては第８章と第９章で詳しく論じるので、ここではこれ以上立ち入らない。ただ、二人がともに不安とうつに生涯苛まれたことだけは指摘しておこう。太宰は実際に精神病院に入院しているし、有島も繰り返すうつ症状に悩まされ、最後は自殺（心中）した。

繰り返すが、不安は精神科的臨床から人間の根本的気分にまで延び広がった普遍的感情である。不安の臨床哲学とは、この全領域をカバーするものである。今日、脳科学は感情と論理的思考の連続性を認め、精神医学は心理学的方法と脳科学的方法の接点を見出す方向に向かっている。心の哲学においても、従来の二元論的見方は否定され、心と身体、意識と脳の統合的理解が優勢となっている。不安の臨床哲学は、こうしたことすべてを顧慮して、不安に悩む者の真の自己実現、ひいては人間の真の生き方の探究に寄与するものなのである。

4　生命のリズムと心―身の調和

我々の生活には好不調の波がある。これは心身両面に及ぶもので、生命のリズムを象徴している。生命にリズムがあることは、起床・活動・就寝、つまり朝・昼・夜という一日の経過とそれに対応する身体的気分があることを思い起こせば、すぐに分かることである。この身体的気分は春・夏・秋・冬という季節の変動にも対応している。

精神疾患の一つとして躁うつ病というものがある。これは躁とうつという双極的気分が交互に現れる気分障害である。健常者にも浮いた気分とふさいだ気分の交換は存在するが、躁うつ病の患者においてはその逸脱振りが健常者をはるかに凌ぎ、自己制御が利かなくなる。これは生命のリズムが大きく乱れたものとして理解できる。

生命体は基本的に光を好み、それに向かっていく性質をもっている。これは原始的生物から高度の意識機能を獲得した高等哺乳類としての人間にまで及ぶ傾向である。光への向性は生命の原初的本性を表しているのである。全く意識を欠いている植物ですら光への向性を示すということは、生命の原初的リズムが意識を超えていることを示唆する。

我々は光を目から吸収するが、それだけではない。皮膚からも吸収しているのだ。光は視覚の対象を包む一種の「場」として理解できるが、それは同時に触覚や体性感覚にも影響を及ぼしている。目のない原始的生物においては視覚と触覚の分岐がなく、全身の生命感覚によって光や空気の刺激を受容し、それに反応する。我々人間にもこの原初的生命感覚は刻印されており、意識化されざる様態で心―身の調和に寄与している。先に触れた起床・活動・就寝という概日的身体気分、ならびに春・夏・秋・冬という季節的生命感情は、光に全身で反応する原初的生命感覚の反映である。そして、そうしたものとして「自然」に直結している。

我々の自己意識は生物進化の過程において中枢神経系の自己言及性が最高度に達することによって生まれたものである。それに対して、神経系のない原始的生物や中枢神経系はあってもその自己言及性が弱い生物には、自己意識はない。単細胞生物では全身性の生命感覚が想定されるのみだし、ハトやネコには覚醒して刺激に反応する機能的意識の低層しか存在しない。サルからチンパンジーまで程度を上げても自己の行動をモニターする自己意識の最低層にしか届かない。人間以下のこれらの生物は、「自分とは何か。なぜ生きているのか」といった問いを発することはない。しかし、それらの生物は自然に直結した存在様式をもっている。意識はある意味で自然からの離反なのである。

我々は、自己の存在の意味を問い、人生に価値を見出そうとする。また、死に直面して自己存在のかけがえのなさを再確認したりする。そして内面に沈潜する。なぜなら「唯一無比のこの私」という観念の源泉は、外の世界にではなく自己の精神的内面の奥深くにあるように感じられるからである。そこで古来「君自身に還れ。真理は君自身の内面の奥底に隠されている」という教えが伝承されてきたのである。

しかし、このような内面への沈潜は、自我の根底にある自然からの逸脱以外の何物でもない。そして、結果として生命の意味を捉え損なうのである。なぜなら、生命は意識的主観性の網にはかかりきらない自然的広大性をもっているからである。直前に触れた心─身の調和も生命の自然的本性に根差している。

我々は死へと向かう有限な時間的存在である。そして、同時に他者や環境へと関わる空間的存在でもある。自然的起源をもつ人間の生命のリズムは、この時空的存在機構にも反映し、各人の自己意識を背後から支えている。高度の意識機能を獲得し、小賢しくなった我々は、つい自らの精神性を称揚し、動物的自然性を見下してしまう。しかし、それでは自我を自然に根づかせ、それを生命的充実に至らしめることはできない。

我々は、太陽の光と空気と動植物によって生かされて生きている自然的存在である。この自然の恩恵に感謝し、生命のリズムを自覚したとき、心と身体は深く調和し、我々を真の自己に目覚めさせるのである。つまり、自然と一体となった大いなる自己に。

参考文献

（1）プラトン『ティマイオス』（〈プラトン全集〉12、種山恭子訳、岩波書店、一九八七年）
（2）A・N・ホワイトヘッド『過程と実在』（上・下）山本誠作訳、松籟社、一九九八年
（3）A・N・ホワイトヘッド『思考の諸様態』藤川吉美・伊藤重行訳、松籟社、一九九九年
（4）M・ボス『不安の精神療法』拙訳・解説付、醍醐書房、二〇〇〇年

第4章　生命論の諸問題

はじめに

「生命とは何か」という問いは古来様々な観点から論じられてきた。それは哲学、宗教、文学、人類学、生物学といった広い範囲に及んでいる。それぞれの分野で関心と問題の立て方、ならびに探究方法が違っている。もちろん共通する部分もあるが、やはり視点は異なっているのである。

宗教や文学の視点と生物学のそれの間には大きな懸隔がある。宗教や文学は人間的生死の問題に定位し情感の通った生命観を求める。それに対して、自然科学としての生物学は基本的に生命の質料因（物質的基盤）を解明することを本旨とし、その意味で生命のメカニカルな側面に定位していると言える。

それでは哲学はどうかというと、人文的関心と自然科学的関心の両方をもち合わせた中間的位置にある。この中間性は、両者を統合しようとする視点とともにどちらかに傾くという性質も含意している。つまり、哲学には「人生いかに生きるべきか」あるいは「人間とは何か。その生命の意味は何であろうか」という問いと生物学の基礎を問う科学論的性格が同居しているのである。

哲学のこの両義的性格は、実は生命の本質を反映している。すなわち、生命は一筋縄ではいかない多面的性質をもっているのである。それゆえ、それぞれの分野における生命観には相応の価値があり、どれかが一義的に優れていると言うことはできない。

日本文学者の鈴木貞美は二〇〇七年に『生命観の探究』という著書を上梓した。これは九〇〇ページに及ぶ大著で、古今東西の様々な生命観を集約的に論じたものである。彼はこの本で「生命とは何か」という大上段に構えた問いを排除し、ひたらす諸々の生命観を提示し分析する。これは、重層する価値観を整理し、統合的視点を獲得することを目指した結果である。彼は日本文学者でありながら哲学や生物学やシステム論にも深い理解を示し、その姿勢には啓発されるところが多い。彼の本を読むと文学と生物学の接点が見えてくる。

そもそも生物学は基本的に「なぜ」を問わない。それに対して文学は「なぜ」を通り越して生命感情を吐露する。哲学が「なぜ」を問うことを本業とすることは夙《つと》に知られている。生命の本質は、これら三通りの姿勢の統合によって明らかになると推測できる。しかしシステム論的にすんなりまとまるとも思えない。そこで、とりあえず生命に関する様々なアプローチの仕方とそれに対応する問題系を提示することが肝要となる。

そして、これらはすべて「人間とは何か」という問いを背景にもっているのである。

以上のことを顧慮して、本章では次の順序で考察を進めることにしよう。(1)人文系の生命観。(2)自然科学系の生命像。(3)哲学における生命論の統合。(4)人間学と生命論。

1　人文系の生命観

ここで言う人文系とは文学と宗教と芸術と哲学を包摂するものである。哲学には前述のように二面性があるが、ここではその文科系的側面がピックアップされる。また教育学、心理学、社会学における人文的関心もここに含めてよい。

「人文」とは文字通り人間性（humanity）を意味する。つまり、それは人間の本質や人類の文化に関わるのである。そしてその方法は、自然科学に見られるような、人間の物質的基盤に定位した機械論的因果関係の説明ではなく、人間の精神性や社会—文化的事象の個性記述的象徴化である。かつてドイツの学問論では自然科学と精神科学、ないし自然科学と文化科学の方法論的区別が盛んに議論されたが、その観点は今日においても有効である。

我々各人は、独自の自己意識と身体性、つまり個性をもって人生行路を歩んでいる。そこで起こる出来事は各人各様であって、物理的事象に見られるような明確な法則性はない。人文系の関心はここに集中する。すなわち、人間個人の独特のパースペクティヴ（視角、価値観）から見られた諸々の現象をありのままに記述するのである。その極端な例は私小説である。それに対して、哲学や心理学は客観的学問性の色彩が濃いので、私小説のように主観的情感に流されることはない。しかし、人間の精神性に定位し個性記述的であるという点は同じである。

こうした人文系の視点はそのまま生命観に反映される。つまり、各人の人生行路において意識に現れた生命的事象が人文系の主要関心事となるのである。しかし、個人の主観的価値観の記述に終始するわけではない。一旦個性記述的作業に従事するのだが、次にそれを誰でも理解できるように人間学的に普遍化するのである。これは明確に意図してなされることもあるが、いつのまにかそうなることも多い。たとえば、文学では物語を作って生命の本質を暗示ないし象徴しようとする。作者（小説家）は心理学者のような説明的意図をもって話の筋を作ることもあるし、芸術家や詩人のようにもっぱら象徴化に努める場合もある。いずれにしても文学作品の創作は単なる自己満足ないし独語ではなくて、他人である読者に理解してもらうことを期待してなされる。それは一種のメッセージの発信である。その最も際立った例は、たとえば三島由紀夫の最後の作品『豊饒の海』である。

三島のこの大作は、春・夏・秋・冬を象徴する四部作であり、転生する四人の主人公が登場する。彼は輪廻転生と唯識論というメッセージをこの遺作に託したのである。周知のように彼はこの大作の原稿を書き上げておいて自決した。つまり、彼の文学は自らの死によるメッセージ発信によって完結したのである。しかも、これは明らかに意図してなされた。もともと彼は法学部出身の論理派で、その物語構成の緻密さには定評があった。というか、あまりに人工的な技巧に走る嫌いがあった。

三島のような論理的作家はけっこういる。しかし、その姿勢はやはり厳密な学を目指す哲学には及ばない。人文系の哲学者は、自然科学ができないので議論を文科系の方にもっていっているわけではない。自然科学の方法では説明できない分野があるので、それを厳密な学問的方法で解明することを目指しているだけなのである。そこには文学者にはない概念分析や方法論の彫琢がある。また哲学者は、自らの学問の歴史を重視し、過去の文献を精読し、先行する各哲学者の思想の個性を重視する傾向をもっている。つまり、歴史上の大哲学者や大思想家が述べたオピニオンを重視し、その解釈に精進するのである。もちろん、一人の思想家ではなくて多くの人を比較しながら論じる。そして、そこから普遍的真理を析出していくのである。それはいつのまにか解釈者の独自の思想構築につながることがある。

いずれにせよ文学者も哲学者も人生の意味を問い、生命の本質を解き明かそうとする。ちなみに哲学者の中で最も文学に近いのは実存哲学の一派である。実存哲学の祖とみなされるキルケゴールは、ヘーゲルの理性主義的体系構築に反発して、実存の真理は間接的にのみ伝達可能だと考えた。そこで彼は一種の文学的表現法を取ったのである。彼によれば、実存の真理とは「そのために私が生き、かつ死にうるような主体的信念」を意味する。彼はキリスト教的実存主義者であったが、その後フランスに登場した無神論的実存主義者のカミュもまた客観的学問主義を嫌い、真の哲学的問題とは自殺であると断言した。つまり「人生は生きるに価するのか。自殺は許されるものなのか。それが最も切実な問題であり、その他の理論的哲学問題は二の次だ」というわけである。

実存哲学に親近的なものとして生の哲学というものがある。代表的なのニーチェである。周知のように彼の著作は文学書的体裁を取っている。彼は詩やアフォリズムの形で自らの生命哲学を吐露したのである。彼の哲学の核心は「これが人生なのか。ならばもう一度」という永劫回帰の思想に表現されている。

これらの哲学者はみな文学的傾向が強い（カミュは実際、小説家であった）。哲学の中で大衆に受けやすいのはこのようなものが多い。それに対して、厳密な概念使用と論理構築を特徴とする理論派の哲学は、頭でっかちの虚学とみなされがちである。しかし、哲学の真骨頂は実はこちらにあるのだ。生の哲学ではベルクソンやディルタイは、激情に走ることなく緻密な論理を展開している。前者は生物学、特に進化論と積極的に対話し、生命の本質を超物質的エネルギー（élan vital）に求めた。これは機械論的生命観に対置される生気論の一種である。他方、後者は自然科学に対する精神科学の独自性を主張し、歴史的世界における生の表れとして文化を分析対象とした。また後者は詩人の体験と創作の関係も研究している。

とにかく、人文系の生命論者の多くは唯物論を敵視する。「死にさしかけられた唯一無二の精神的存在としての〈この私〉にとって、物質的組成に関する機械論的説明など何の役にも立たない」というのがその趣旨である。これは宗教系の人たちおいて頂点に達する。仏教にせよキリスト教にせよ、生命の本質は生物学的観点では説明不可能であるという考え方が中心となっている。これは広い意味での精神主義的傾向であって、何らかの形で「死後の生命の存続」ないし「霊魂の不滅性」という観念と結びついている。

しかし、古くから人文系の中にも精神主義を批判する者がいたことを忘れてはならない。エピクロスやルクレティウスという古代の唯物論者やフォイエルバッハなどの近代の人間学的思想家は、自然的人間というものを重視し精神主義を激しく批判した。これらの人々は広い意味での自然主義者と言えるが、その思想に深みを感じることはできない。つまり「精神を包み込む自然の奥深さ」に対する洞察が感じられないのである。この点を満足させてくれるのはアリストテレスやホワイトヘッドなどの目的論的ないし有機体論的自然主義である。ただし、これに関してはまた後で論じることにする。

以上のように人文系の生命観は精神主義を基調としているが、それにとどまらない自然志向もあることが分かっていただけたと思う。いずれにしても「人間の生命」がこの分野では主要関心事なのである。

2　自然科学系の生命像

生物学を中心とする自然科学においては、人間のみならずあらゆる生物の生命が研究対象となる。さらに、生物以外のものにも生命を認め、それを研究する場合もある。たとえば、地球物理学に基づいたシステム科学的考察において、地球は一種の生命をもったものとして理解される。宇宙物理学系のシステム科学においてこの観点はさらに拡大され、宇宙自体が生命体であるかのように理解される。もともと生命体とは「誕生し、成長し、消滅に向かうもの」と定義されるので、細胞の核の中にＤＮＡを格納する生物学的生命体以外のものにも生命を帰属させることは至極当然なのである。

ただし、自然科学系の生命論においてあくまで生物学が主役となるのは言うまでもない。生物学は約二五〇〇年前にアリストテレスによって創始されて以来、長い間は博物学として機能してきた。つまり、諸々の生物の分類と形態把握に従事してきたのである。生命が生体内の何らかの物質的活動に基づいているらしいことは古くから推測されていたが、明確な証拠は長い間見つけられなかった。というのも、生命体の形態形成や生理的活動は、一般的な物理的ないし物質的現象と違って、目的性のようなものが備わっているように見えるからである。トカゲの尻尾を切ると、また元の形のものが生えてくるし、昆虫は幼虫↓さなぎ↓成虫という劇的な変態を遂げる。哺乳類の誕生から成熟に至る過程も見事であるが、それは人間において極まる。母親の胎内から外の世界に出た新生児が乳児から幼児・学童期・思春期・青春期を経て成人になっていく過程は、生命体の形質発現の絶妙さを端的に表している。

こうした生命現象に直面すると、それは何か超物質的な目的論的原理によって支えられているように感じる。そこで西洋では長い間、「生気」という超自然的力が生命現象を可能としている、と思われていたのである。もちろん、唯物論の陣営は、そのようなものは認めないで、何とか生体内の物質的過程から生命を定義しようと努力してきた。この傾向が医学と生理学の進歩と関係していることは周知のことである。とりわけ近代以降の生化学の著しい発展は、この傾向に拍車を駆けた。

その後ダーウィンの進化論とメンデルの遺伝学が登場し、ついに前世紀の半ばに遺伝子の本体が細胞核内のDNA高分子であることが解明された。これは還元主義（唯物論）の勝利を告げるものとして多くの科学者や思想家を熱狂させた。

我々はもともと、何か単純で疑わしさがなく合理的に思える原理によって物事を説明してほしいという願望をもっている。「割り切りやすい思考原理」と言ってもよい。とにかく、複雑で難解な問題に単純な解答で落ちをつけたいのである。この欲求にとって、生命のDNA還元主義はまさに打ってつけであった。「ついに神秘が解明された。我々はもう生命の謎とやらに悩まなくて済む」というわけである。

元来、自然科学は対象を要素に分解し、それによってその本質を理解しようとする傾向をもっている。そして、その研究態度は言うまでもなく客観主義的である。つまり、個人の主観や価値観を排して、対象の性質をありのままに理解しようとするのである。それに対して人文系の人々は個人の意識や対象の価値を重視し、意味の世界に傾倒する。そこで、生命に関する彼らの見解は「生命観」と呼ぶのが適切である。そしてこれに呼応して、自然科学系の人々の生命に関する見解は「生命像」と呼ぶことができる。なぜなら、彼らは生命現象を対象化し、客観的像として定立しようとするからである。

「生命現象に目的性や意味や価値はない。ただDNA高分子の働きによって生命体の物質的組織が形成され、そのプログラム通りに成長し繁殖し、時が来れば死ぬ」というわけである。遺伝子還元主義の思想はこの一文に凝縮できる。しかし、自然科学系の学者がみなこのように考えているわけではない。まず、素朴な生気論はたしかに死滅したが、穏当な目的論を携えた生命システム論は今日ますます興隆してきている。それ以外にも、生物の行動や生態、ならびに生態系を包む環境を研究する分野の人々は、単純な遺伝子還元主義ないし唯物論的生命観に疑念を唱え、より広い視点を要求する。たとえば霊長類の知能の研究においては、遺伝子の組成を調べていただけでは何の役にも立たないことが証明されている。チンパンジーと人間のゲノムの構成は僅か一・二パーセントしか違わないが、その知能を中心とする心的機能や行動パターンは格段に違い、遺伝子レベルで説明できるものなどではない。

生命は心という現象と深く関係している。近年、脳科学の進歩が著しく、多くの人々が脳と心の関係に取り組んでいる。哲学では、これに呼応して心身問題が心脳問題として先鋭化されてきた。前述のように心身問題はその背景に「心と身体を統一する生命」への視点をもつが、この統一原理としての生命が抜け落ちて、主観的意識と客観的―物質的身体の単なるパズルに転落することが間々ある。これは最近の心脳問題によく見られる傾向であり、科学者と哲学者の双方がこのパズルウイルスに感染している。

アリストテレスによって創始された目的論的生命観はその後変な生気論の方向に逸脱したが、前世紀半ば以降、自己組織性理論に定位した新しい生命システム論によって洗練化されて、その原姿勢が今日に生かされている。アリストテレスに倣って言うと、もともと心と生命は自然の現象として統一的に理解すべきものであり、その意味で超越論的意識を物質的身体から切り離す考え方は間違っているのである。心を主観的意識の領域に引き込む姿勢は、物質的身体から切り離しえない「生命的心」に対して盲目となってしまう。生命的心（アリストテレスの言うプシュケー）は、最下層の生理活動から最上層の主観的意識まで階層をなして生命体に宿る自己組織化の目的論的原理であり、物質的身体と不可分の統一性をもっている。

近代以降、自然科学が生命というものを主観的意識としての心から切り離し、対象として「像」化したことは、この意味で深く断罪されなければならない。心が主観的意識ないし非物質的領域に追いやられたせいで、人文系と自然学系の生命理解はますます対立の一途をたどり、技術主義と倫理主義の不毛な対立はいつまでも調停されないでいる。しかし、心と生命は本来「自然」の下に包摂される統合的現象なのである。

この意味で近代の自然科学はデカルトの二元論によってアリストテレスの自然主義が抑圧されてできた紛い物という性格をたしかにもっている。近代の生物学が提出した進化仮説という難題は、本来機械論で解けるような代物ではない。遺伝子の本体が生命情報を担ったDNA高分子であることもまた然りである。別に進化しなくてもよいし、プログラムを欠いた乱雑さのままでもよいではないか。なぜ、そうしたものがあるのか。この「なぜ」を直視する傾向が生物学の内部にじわじわと浸透してきている。

3　哲学における生命論の統合

人文系の生命観では「人間の生命」が関心の的であり、自然科学系の生命像においては生命のメカニカルな側面が主役となる。哲学には人文的側面と自然主義的側面が共存し、どちらかに傾きつつも両者を統合しようとする基本的姿勢が根底にある。そして、これはあらゆる二元論を克服しようとする意志によって支えられている。

通俗的見解では、哲学は主観と客観、精神と物質を峻別して、事実よりも価値を重視する精神主義的な学問とみなされている。これは大変な誤解である。主観的精神と客観的物質の対置や事実と価値の区別は近代になってデカルトが創設したものであり、実は哲学の本流には属していない。西洋哲学の本流は古代ギリシアのプラトンとアリストテレスの哲学に源泉をもつが、この二人はデカルトのような二元論的思考法は取らなかった。これは自然主義的なアリストテレスにおいて特に明瞭だが、一見二元論的に見えるプラトンの哲学においても看取できる傾向である。

心と身体、精神と物質の二元論的対置は、事実と価値、理論と実践のそれを基底にもっている。対象を眺める超越的主観という視点は、実践的意味連関から切り離されて生じる静観的態度であり、身体的自然からの疎外を意味する。そして、これは同時に生命の本質からの逸脱を暗示している。

二元論的哲学における「主観」の概念は、生活世界や自然的世界で動物的に身体を動かしつつ認知機能を発揮している生《なま》の人間の心を骨抜きにしたようなもので、文字通り生命を失っている。ちなみに、デカルトの体系においては、本来精神と物質の間に置かれるべき生命という契機が完全に脱落してしまっている。そこで、精神も物質も実践的意味連関から切り離されて、「主観的で価値認取的なもの」と「客観的で没価値的なもの」に振り分けられてしまうのである。この基本的対置図式から近代の人文的生命観と自然科学的生命像の架橋不可能な対立が派生し、その傾向は今日まで及んでいる。

一九世紀から二〇世紀にかけて起こった哲学における二元論克服の運動は、自然科学系のシステム論と共鳴して、生命の真の意味の探究を目標とした。これは「生きた自然」に定位したもので、その思考の核には自然有機体説と物質系の自己組織化理論があった。ここで古代のアリストテレスが提唱した目的論的自然観と生命観が洗練された形で復興されることになる。デカルトの機械論的自然観はまさにこれに対するアンチテーゼだったのである。

目的論は「なぜ」を問うことを本性とする。二元論的図式では自然に「なぜ」は適用できない。なぜならそれは機械的因果性によって支配されているからである。それゆえ「なぜ」は人間的価値の世界にのみ適用可能なものとみなされる。その適用範囲は個人の意識から社会的—歴史的事象にまで及ぶ。そして、生命に関しては人間的事象に限られる。ここから、たとえば医学の技術万能主義と精神主義的な生命倫理派の対立が生じてくる。倫理派は「技術主義の医学は人間をモノとして扱っており、その尊厳を貶めるものだ」と主張する。それに対して技術主義の陣営では「没価値的な客観主義的態度が医学をここまで発展させ、それが結局は患者に還元されるのだ。多少の犠牲は仕方ない」と反論する。医療ドラマではよくこのようなやり取りが取り上げられる。

このような対立は生命の自然的本性に関する無知から生じる。生命は本来、人間に固有のものではなく、自然そのものに備わっている存在特性なのである。だから、モノとして見られた人間にも既に生命は備わっているし、その意味で十分尊厳はもち合わせているのである。また、自然的物質系は単なる機械的システムではなく、秩序と目的性を含んでいるので、それを対象とする科学技術が全く没価値的で客観主義的だということはない。ただ、ものの見方ないし対象に関わる態度として客観的技術主義と主観的精神主義が分岐するだけなのである。両者は、全く相容れない対立関係にあるというよりも、仕事の区分けのために分岐していると見た方がよい。両者は夫婦のように、お互いの欠点を補い合い長所を引き出し合いつつ、人間的―生命的事象に関わるべきなのである。

我々人間は心と身体の統一としての生命体であり、その本質を理解するためには二元論を超えたシステム論的哲学の観点が要求される。心と身体は一体のものであり、この二つを区別して捉えてはならない、ということは古来多方面から主張されてきたが、その際にも自然主義的態度と精神主義的態度の間で意見の対立が見られた。西洋の唯物論的自然主義の人々は精神を消去するような形で心と身体の統一を論じたし、東洋の宗教的思想家たちはもっぱら精神主義的態度でその統一を捉えた。単なる物体的ないし物質的身体を超えた「身体性」を称揚する一派も、どちらかというと精神主義に傾いたものであり、真の統合性からは程遠いと言わざるをえない。二元論はそう簡単に克服できないのである。それを克服するためには、視点の転換が必要となる。

二元論は全く間違った観点というよりは、高次の観点に至るための試金石であり、喩えて言うなら、上りきったら捨てられるべき梯子なのである。筆者は高次の観点として、これまで創発的自然主義というものを唱えてきた。これは還元的唯物論と二元論双方を乗り越えることを目標とする思考態度である。そしてその核心は、心と身体、ないし精神と物質の対立の彼岸に自然的生命という根源的媒介項を置くことにある。唯物論も二元論もこの根源的媒介項の無理解から出発するので偏向した視点に落ち着いてしまうのである。しかし、そうした視点は高次の思想に上昇していくための道具として利用できる。その意味で唯物論と二元論は創発的自然主義の子分なのである。

二元論的観点では精神的要素が過度に重視される形で生命の本質が理解される。その際、他の生物に対して人間が際立たせられる。これによって生命は自然全般から人間の精神性へと縮小される。また、二元論においては物質的自然が顧慮されても、それと人間的精神性は別次元のものとして理解され、両者の融合部分が視野の中に入ってこない。

唯物論は実は二元論から派生する。つまり、二つの対立する存在領域のうち物質的自然に偏っているだけなのである。この場合も精神を包み込むものとしての生命の自然的本性は、その理解の糸口さえ見つからない。

哲学における生命論の統合は、このような思想的ならびに存在領域的対立の一切を弁証法的に乗り越えつつ、高次の観点に上昇することによって可能となる。そして、それが成就した暁には、生命論の考察主体の自己と全現実との和解・調和が実現するであろう。そして、「私は何のために生きているのだろうか」という問いかけが自然へ放散され、それに融解されるであろう。

4　人間学と生命論

多岐に渡る生命への問いは人間の本質から発している。人間は意識をもった生命体なので、自己の在り方や生き方を反省する能力において他の生命体をはるかに凌いでいるのだ。それゆえ、人間が考え出した「生命」という概念には人間自身のこうした存在様式が反映している。そこには生命の自然的本性からの逸脱が少なからずある。もちろん、優れた思考と現実把握の能力によって生命現象の多様性を整理しつつその核心に迫る、という傑出点はある。しかし、やはり人間を超えた自然の根源には届かないのである。そして、生命の本体はこの根源にある。

それでは、人間の意識と思考の力による生命の本質の探究は、有限なものとして卑下されるべきなのであろうか。そうではなかろう。自らの限界をしっかり意識できることは大変立派なことである。また、これまで何度も指摘してきたように、人間の心には無意識的側面があり、それによって自然的生命と直結している。この点を顧慮しつつ、自我と生命の関係を問えば事態は変わってくるのである。

人間は意識と無意識の綜合であり、精神と物質の融合である。これは人間存在の両義性を意味する。つまり、人間の心は意識的側面と無意識的側面の両方をもち合わせており、その全存在は精神性と物質性の「どちらでもある」という性質をもっている。これをさらに突っ込んで言うと、「精神性と物質性は相互に反転可能な融合性をもっている」ということになる。ところが、一般的には二元論的観点が横行しており、こうした対立項の両立・融合性という考え方は毛嫌いされる。そこで出てくるのが、前述の人文的生命観と自然科学的生命像の対立である。

しかし、この対立は逆説的に生命の本質への道を示唆している。つまり、対立する生命観の間の矛盾を直視することによって真実在へと弁証法的に上昇する途が開かれるのである。「万物は流転する。矛盾こそ自然の豊穣な自己展開の原動力である」とヘラクレイトス風に主張することができるし、それを存在と思考の論理に応用しヘーゲル流の弁証法を現実把握に適用することもできる。弁証法（Dialek-tik）とは、もともとプラトンのディアレクティケー（対話、問答法）に由来し、要素間の対立・矛盾を契機として、より高次の段階に上る思考法ないし論理を意味する。それはまた真実在に迫るという存在論的機能ももっている。

こうした考え方を参照すると、人間の知性による生命理解の「限界性」のうちに「真実在としての根源的生命の本性」を逆照射する暗示力を見出すことができるようになる。この言い方は少し抽象的で分かりにくいであろう。具体的に言うと、人文的生命観と自然科学的生命像の対立に直面した場合、どちらか一方を取るという姿勢はもうやめて、それらの両立性を認め、さらには両者が根源的生命から派生した二つの相であるということを理解することが肝要だ、ということになる。これは「生命の本質の問い方」における対立する契機の両立性を示しているが、実はこの根底に人間存在の両義性が控えているのである。

人間が両義的存在だからこそ、人文的生命観と自然科学的生命像の対立的両立が現れるのである。ところが、一般には「問う者」としての人間の本質を無視した生命論が横行している。そこで、多様な生命観における意見の不一致に対処できないのである。そもそも「生命論」は「論」である限り「実在としての生命」そのものには到達できない。これは不可知論を意味するものではなく、ただ両者間のズレを言い表しているだけである。

人間学は人間の本質を問う学問であり、それは生物的次元から社会的・心理的次元を経て精神性までカバーする。人間は基本的に自然的生物の一種だが、高度の知能と群生能力によって社会制度を作り上げており、それが個人の意識と行動の様式に反映している。また、人間は歴史的存在であり、世代を超えて自己の本質を継承していく。そして、この歴史的であるということには個的側面と集団的側面がある。

個としての人間は、自らの死を案じ生の意味を問う自己意識的歴史性をもっている。この根底にはハイデガーが主張したような人間存在の根源的時間性が控えている。さらに、これが世代的継承や同時代の社会的連携を介して集団レベルへと拡張される。そして、これが人間存在の歴史性を形成するのである。

しかし歴史性は人間の占有物ではなく、自然的生命にも帰属する。前述のように、生命は生物学的生命体のみならず、物理的宇宙にも認められる存在様式である。生物進化も宇宙の物質進化も生命の歴史として把握できる側面をもっている。それは、基本的に始まりと終わりを想定でき、時間的経過を伴って複雑化の方向への不可逆の流れを形成している。生命は、細胞の核の中にDNAを格納している生物学的生命体のみならず、不可逆の時間の流れの中で秩序を形成しつつ複雑化の方向に向かうすべてのシステムに帰属する存在特性なのである。

とはいえ、やはり「人間の生命」には特殊な意味があるように感じる人は多いであろう。それが、生物的生存や宇宙進化の物質的側面を超越した崇高性をもつという感慨が捨てがたいものである。古来、多くの人文系の人々がそれを強調し、人間における精神的生命性の重要性を説いてきた。それは宗教的スピリチュアリズムにおいて頂点に達する。

哲学的人間学は前述のように人文と自然の両義性をもつので、精神性へと偏向することはない。しかし「意味」に関する思索において他を圧するのが哲学だとするなら、やはり「生命の意味」を考える上で哲学的方法は最良のものだと言える。

自然の生命は、それを知覚しなくても存続する客観的実在性をもっているが、人間の生命の「意味」は、それを問う自覚的存在たる人間という生物を前提としている。こう言うと、それが何か客観性に対置される主観的観念性に貶められるような印象を与えるかもしれないが、そのようなことはない。意識的反省能力も深い意味で自然の実在性に帰属する。あるいはそれを故郷とする生命的創発現象なのである。我々は、このことを銘記して、人間的生命の意味を考えなければならない。

参考文献

（1）鈴木貞美『生命観の探究――重層する危機のなかで――』作品社、二〇〇七年
（2）三島由紀夫『豊饒の海』（一～四）新潮文庫、二〇〇八年
（3）A・カミュ『シーシュポスの神話』清水徹訳、新潮文庫、一九八三年
（4）藤沢令夫『ギリシア哲学と現代』岩波新書、一九八九年
（5）A・N・ホワイトヘッド『自然という概念』藤川吉美訳、松籟社、一九八二年

第5章　人生（人間的生命）の意味

はじめに

我々は様々な事柄に関して「意味」を問う。教育の意味、政権交代の意味、経営改革の意味、都市開発の意味、格差是正の意味、情報の意味……など意味への問いは限りがない。意味への問いはまた価値への問いでもある。ある対象の意味とは、「それが何のためにあるのか」ということだからである。そして、「何のためにあるのか」ということはその対象の価値に関わってくる。「それは存在するに価するのか」というわけである。

こうした意味や価値への問いの究極は、周知のように人生という思考案件に収斂する。「人生に意味はあるのか。それは生きるに価するのか」という問いは、人類の思索の歴史とともに古い。また、新世代の誕生とともに永遠に繰り返される。しかし、この問いかけには常に裏バージョンが付きまとってきた。「考えても仕方がないことだね」というのがそれである。

普通、問いと答えが一直線に結びつくのは、法則性が確立しやすく因果関係が理解しやすい対象に関するものである。そして、それは多くの場合、個別的なものではなく普遍的なものに関する問いかけである。たとえば教育や政治や経営の意味や価値への問いは、たとえ一つの集団ないし領域に関するものだとしても特定の個人の事柄に限定されることはない。自然科学の対象もすべてそうである。それに対して、ある特定の人、たとえばA君やBさんが自らの人生の意味や自己の存在価値を問い始めると事態は一変する。そうした問いには、他人によって代替できないA君やBさんが自らの責任で答えなければならないからである。

しかし、彼らが学校で習ったものは、すべて問いと答えが直線的に結びつくものばかりであり、「人生の意味」のような漠然とした対象は、その問いの立て方すら検討がつかない。試験漬けの偏差値教育の弊害はこういうところにも表れている。こういう漠然とした実存（本来的自己）への問いかけは、文学や哲学が扱ってきたものである。そのうち、文学は情感を重視し象徴化に努めるが、哲学はあくまで合理的に対処しようとする。

日本には文学的感性の伝統はあるが、深い合理的思考としての哲学への愛着が薄い、とよく言われる。そこで、人生の意味は法則性や因果関係や普遍性をほとんど度外視した文学的感性によって捉えられ、もっぱらその観点から論じられがちである。そして、多くの場合、宗教的観点へと傾斜していく。他方、それに反発して、軽薄な自然科学的唯物論で割り切ろうとする者も多い。「それは考えても仕方がないことだね」というわけである。

我々は、こうした誤ったジレンマを打ち破りつつ、人生の意味への真正な問いを基礎づけなければならない。それは、前にも言ったように、「人生の意味」を「人間的生命の意味」として捉え返すことを含意している。これによって人間的生死の問題と生物学的生命の概念が架橋され、自己意識と自然の相互浸透性が顕となるであろう。

考察は次の順序でなされる。(1)死生観と生物学的生命概念。(2)人間的生命と時間。(3)自己意識と自然。(4)人生と自然的生命の和解。

1　死生観と生物学的生命概念

生命の意味への問いは常に死の問題を携えている。我々各人がいずれ死ぬからこそ「生きていること」の意味が問いに付されるのである。始まりと終わりがあるもの、それには何か存在の意味があるはずだ、というわけである。

我々が死というものを経験するのはさしあたって他者のそれを通してである。特に若くして死んだ人のことを考えると、なぜ死というものがこの世にあるのだ、という感慨が湧き上がってくる。また、自らが瀕死の体験をしたときにもそうである。とにかく、死に面して我々は自己の有限性をありありと自覚するのである。

こうした経験を考察してみると、それが死そのものよりも「死に対する自らの意識」を中核としていることが分かる。つまり、客観的に分析される死の過程ではなく、それを通して生命の意味が問われる契機としての「死の自覚的意識」が主役となっているのである。この場合、死はそれによって生の意味が映し出される対面鏡のような役割を果たしている。

もちろん、「死のことなど考えても仕方がない。そんなことに悩むのはよして、生を満喫しよう」という考え方をする人も多い。有名なのはエピクロスの「私が存在しているとき死は存在しない。そして、死が実現したときには、もう私は存在しない。それゆえ、私と死は何の関係もない」という思想である。たしかに、いつ現実のものとなるか分からない死についてあれこれ思いめぐらし悩むよりも、今このときの生を充実させることの方が有益ではあろう。死への想いは生命の自由を奪う足枷だというわけである。

これに対立するのがメメント・モリ（死を忘れるな）という格言である。死を括弧で括ってそれに関する判断を停止することは、たしかに楽天観を満足させ、前向きの姿勢を引き起こすが、それで万事落着と考えるのはあまりに幼稚である。幼児や少年はほとんど死のことを考えない。また、成人でもいわゆる「悩みのない健康馬鹿」と呼ばれる人たちは死を意識する感性をもたない。場合によっては中高年になってもその感性を維持している。こういう人たちに「死を忘れるな」と言っても馬の耳に念仏である。

我々はこうした幼児的な楽天観を超えて、大人の観点で死を直視する態度を身につけなければならない。何も四六時中死を意識しろと言っているのではない。「死への本来的不安」を携えて生の意味を考えろ、と言いたいのだ。前述のように、死への本来的不安は、特定の死亡事態への恐怖とは違う。それは良心の呵責によって促される生の事実の直視であり、本来的生き方の探究へとつながる契機なのである。そして面白いことに、こういう姿勢は自然への回帰という思想と合一する。もっと率直に言うと、生物学的生命理解と接点をもつのである。これは意外かもしれないが重要なことである。

これを理解するためには、極端な反対例を想起すればよい。霊魂の不滅説や輪廻転生説、あるいは広い意味での死後の世界に関する思想は、すべて自然の事実から逸脱している。それらは一見死をめぐる思想のように見えるが、実は死の事実の隠蔽であり、切実な死からの逃避にすぎない。そして、それを引き起こしている元凶は、主観的思念によって現実を統制しようとする観念論的思考法である。つまり「自然を覆い隠す原理としての主観性」が死の本来的意味を隠蔽し、それが同時に生命の本質からの逸脱を誘発しているのである。

ところで、自然的生命観の一つに生物学のそれがある。生物学は約二五〇〇年前にアリストテレスが創始した学問であり、生物の分類、発生、成長などの探究を基本とし、最終的には生命の存在意味を問う。生物学から見た「生命」は自然の過程の一つで、人間的精神性に限局されない広範な現象である。それはアメーバのような単細胞生物から植物、ミミズのような環形動物、昆虫、鳥類、爬虫類、哺乳類までカバーする。そして、哺乳類の進化した形態として霊長類があり、その頂点に我々人類が位置する。また、タンパク質からなり、ＤＮＡかＲＮＡをもち、自己増殖するが、代謝機能をもたないウイルスは生物と無生物の中間と見られている。

西洋における二五〇〇年の生物学の歴史において「生命」の本質をめぐる論争は繰り返しなされてきた。有名なのは前章でも触れた機械論と生気論の対立である。機械論は生物を構成する物質的要素の解明に基礎を置くものなので、人間的死生観は直接顧慮しない。それに対して生気論は、自然に人間的精神性を投げかけるという擬人化的傾向が強いので、過度に生命の超物質性と目的性を重視する。

人間的生命としての人生の意味は、精神性と目的性を含むものなので、生気論の方が説明原理として適合しやすいように思われる。しかし、生気論は自然の事実から逸脱する傾向が強く、やはり人間的生命の自然的本性には届かないのである。他方、機械論の立場を取る人たちも人間的生命の問題に全く無頓着なわけではない。彼らも人間的生命の問題に関心をもち、それに一定の価値評価を下す。彼らは、自然科学の合理性という基準に照らして機械論を信奉するのだが、その範囲で人生の意味を考えるのである。しかし、これはかなり不恰好な二元論的見解を生み出す。

たとえば、前世紀に一斉を風靡した生物学者ジャック・モノーは、従来の生気論的生命観をすべて人間中心主義的幻想とみなし、徹底的な機械論的生命観を推進する一方で、人間的精神性を機械論的因果関係の外に逃がして確保しようとする。これはデカルトの心身二元論の哲学に基づいた立場である。近代の機械論的自然観はデカルトに端を発するものであり、それはアリストテレスの目的論的自然観と真っ向から対立するものであった。

モノーは、生命現象は生命体を構成する物質の基本要素に関する機械論的説明によって捉えられるべきもので、物活論的原理《アニミズム》をもち出してはならないと考えた。生命体の基本的構成要素たるタンパク質とDNAの分子構造の解明こそ生命現象の謎を解くというわけである。それは全く機械的なものであり、意味や目的性はない。つまり偶然の産物だというわけである。それでは、各人の人生における自由な決断は、どこに求められるかというと、それは根拠づけのない人間的精神性ということになる。これはかなりナイーヴな二元論的精神理解である。機械論を信奉する自然科学者（広い意味での物理主義者）には、このような粗雑な心観をもつ者がけっこういる。

モノーは主著『偶然と必然』の冒頭にカミュの言葉をエピグラムとして掲げている。それは有名なシシュフォスの神話に言及したものである。シシュフォスは岩が転げ落ちる坂道を目的もなくただ岩をもち上げつつ無限に前に進む。これは、人生には超越者が付与した目的などなく、ただ無意味さを甘受しつつ、自らの自由な決断を遂行すべきだという教えである。厳密な機械論的生命観を推奨する人が、その裏バージョンとしてこのような不合理哲学を信奉するのである。これは機械論が不十分な存在論的立場であることを示唆している。それは自然的世界の全般をカバーするもの足りえない。

本当に自然的生命やその一形態としての人生には意味がないのだろうか。あるいは、「意味がないのが意味だ」という逆説に安住してよいのだろうか。これは人間的生命と時間の関係を介して考察されるべき問題である。

2　人間的生命と時間

周知のように人間の生命には始まりと終わりがある。この始まりと終わりの「間」が人間的時間である。始まりが誕生で終わりが死であることは言うまでもない。我々は他者の生涯を参照しつつ自らの人生の歩みを振り返ることによってその意味を考えるようになる。この思考の基盤となるのは自己意識の働きである。

ところで、時間には多様な相がある。時計で測られる等質的時間は、個人の誕生と死によって限られるものではなく、前方に向かって無限に流れてゆく。そこには主体によって感受される質や意味はない。こうした時間概念は、もともと自然界の物体の運動の観測に即して生まれたものであり、物理的客観性を本性とする。ここから物理学的時間概念が定式化される。

物理学的時間概念に対置されるものとして生物学的時間と心理学的時間の概念がある。生物学における時間概念は生物のもつ生体時計（脳内の視交叉上核にその座がある）の機能に着目して得られたもので、基本的に生命のリズムに根差している。この場合、人間のみではなく、生体時計をもつあらゆる生物が対象となっている。それに対して、心理学的時間概念は、心理機能が傑出している人間という生物の内省報告と行動観察から得られたものである。その際、基本となるのは各人がもつ時間感覚である。これが各人の意識と行動に反映し、心理的時間を構成するのである。退屈な三〇分は目くるめく享楽に満ちた八時間よりも長く感じるという周知の現象から、時間切迫感、時間停滞感、時間迅速感といった様々な相をそれはもっている。また、少年期や青春期に感じられる時間の長さと老年期に感じられる時間の長さの質的相違ということも心理的時間の特質として認識されている。

我々は、毎日の生活の中で常に時計で測られる物理的時間を気にかけ、それを心理的時間感覚に反映させている。現代人は仕事の時間に追われ、本当の自分を見つめる機会をますます失いつつある、というのは前世紀の中頃からよく言われてきたことである。現代社会の高度産業化と高度情報化は、その中で生活する各人が自分の人生の意味をじっくり考える時間を奪い去ってしまう破壊的傾向をもっているのである。これは時間泥棒が我々の本来的時間をこっそり盗んでいる、と比喩的に表現できる事態である。

人間的生命の意味は、この本来的時間ということに深く関係している。それは、生物学的時間と心理的時間を超えて、自己の存在に関わる個別者の時間性を指し示す。我々各人は、自らの責任で自己の人生を切り開かなければならず、他者によって代理してもらえない自らの死という存在の終局を携えている。これは六〇億分の一の可能性であり、法則化や普遍的定式化によっては捉えられない。我々が、自らの人生の意味を考えるのは、こうした個別的存在様式においてである。そして、それを構成する時間性というものがたしかにある。これは実存的時間として一括できる現象である。

物理的時間と心理的時間には過去・現在・未来という三つの相があるが、実存的時間においてこの三つの相は「自己の在り方」への関係において捉え返される。つまり、客観的時間理解において三つの時間相は直線的な流れの中の契機として捉えられるのに対して、主体的な実存的時間の把握においてそれらは自己の在り方という観点から、相互に浸透しつつ「意味」を形成するものとして捉えられるのである。これをハイデガーに倣って定式化すると次のようになる。

まず、過ぎ去った時間契機としての「過去」は、現在まで浸透しつつ未来の可能性の基盤となるような「既在性」として捉え返される。そして、時間の流れの中で今として捉えられる「現在」は、過去と未来が落ち合う結節点として、世界へと関わる意識と行動を活性化する「現成化」として再把握される。さらに、これから起こるであろう未知の可能性としての「未来」は、逆に現在に向かってきて過去の清算を促す実存的契機としての「到来」として理解し直される。これら三つの時間契機は、相互浸透的に統合しつつ我々各人の自己存在に関する意識を形成する。

実存とは人間各人の自覚的存在様態を意味する。それは「かけがえのない自己」をもった各人の生き様に関わるものであり、必然的に自己意識の問題に帰着する。自己意識は、既に多くの論者によって指摘されているように、他者との出会いと関係性から生まれる。自己の在り方や生き方に関する自覚的意識は、自分の内面で循環するものではなく、常に外部の環境と他者へと脱自的に関与しており、そこから折り返して自己に還帰するものなのである。実存（Existenz）とは自己を脱することによって真の自己になる運動として「脱自‐存（Ek-sistenz）」と呼ぶこともできる。

この脱自的存在性格は、実存的時間性、つまり「生きられる時間」の三つの相の間にも看取される。直前に述べた既在性と到来と現成化の相互浸透的統合はまさにそれを表している。よく「過去や未来のことをあれこれ考えてもしょうがない。今現在を充実して生きることが大切だ」と言われるが、それは時間と生命の関係をよく理解していない証拠である。過去と未来から切り離された「今の一点としての現在」などというものは現実には存在しない。それは単なる観念である。また、動物は本能的に現在にのみ関わり、高度の意識機能をもつ人間だけが過去と未来を顧慮しつつ行動する、という見解が一部にあるが、これも熟慮されたものとは言いがたい。動物において過去の経験と学習、ならびに未来の予測とそれに備えた現在の行動は、無意識下の本能的認知機能として身体的次元で習慣化されているのである。

我々は半ば動物的であり半ば超霊長類的、つまり精神的である。これは生活実感として誰もが認めることであろう。人間の尊厳は、超動物的精神性にのみあるのではなく、動物的—生命的時間感覚の高度の機能から看取されるべきものなのである。そして、このことを理解した者だけが、自らの人生の意味が自然のうちにその深い根拠をもつことを知りうるのである。

3　自己意識と自然

自己意識と自然の関係は根深い。我々は自然の中で生まれ、いずれ自然に還る。つまり、我々の一生は自然に取り囲まれているのである。そして、その中で我々各人は自我を獲得し、自らの在り方を反省し、結果として自己意識をもつことになる。とすれば、我々の自己意識の構造は深い次元で自然の存在構造によって規定されているはずである。

自己意識は自己感覚に根差している。そして、自己感覚の基盤となっているのは、自分が行為の主体(担い手)であるという身体的感覚である。自分で自分の体を動かしているという自由意志の感覚は自己意識の基底層をなしている。つまり、自己意識は身体という自然を基底とする現象なのである。

最近の脳科学の興隆によって人間の意識はますます脳に局在化される傾向が強くなってきたが、脳は身体の一部なのであって、後者から切り離された単独態で機能することはない。換言すると、脳は身体に有機統合された神経的情報システムなのである。しかも、それは環境との相互作用が極めて強い。ちなみに、環境には自然的なものと社会的なものがある。自然と社会は究極的には統合されるが、一応区別して捉えるのが定石となっている。

我々の自己意識が社会的人間関係の中で熟成していくことは哲学と心理学と社会学の共通認識項となっている。他者との出会いが個人の「私である」という自覚を生み出し、最終的にあの繊細な自己意識を形成するのである。しかし、それだけではない。我々は幼少時から自然環境にさらされつつ心的機能を獲得していく。都会に生まれた者と田舎に生まれた者では自然に対する感受性が異なるのはたしかだが、基本的に自然の中の社会環境で育つという点は共通している。違うのは、自然が生き生きして質の豊かなものと感じられるか、それが希薄なものと感じられるかである。言うまでもなく、田舎ないし田園地帯の方がその感覚は豊かである。だから、都会に暮らす人たちは、週末や連休を利用してリゾート地に出かけ、普段不足している自然の感覚を満喫しようとするのである。

我々は社会的環境において対人的自己意識を形成し、自然的環境の中で身体―生命的自己意識を熟成させる。それゆえ意識は個人の内面に幽閉されず、身体を介して大地に根差している。デカルト以来、急速に内面化され超越論化された自己意識の理解は自然からの離反を表している。それは自我の矮小化を引き起こし、大いなる自然の生命性に根差すべき自己意識を個人の内面のせせこましい主観性に堕落させてしまう。

我々は幼少時には自然と一体であった。しかし成長するにつれ分別臭くなって、対象を観察し自己を反省する主観と外部の自然界を区別するようになる。ただし、幼少時と同様に成人になっても自然と一体であるという基本的事実に変わりはない。ただ意識的反省の次元において主観としての私と客観としての自然が分離し対極化されるだけなのである。これは、経験の表層的次元を表しているにすぎない。その深層において経験は自然と一体となっているのである。これを明確に概念化したのはジェームズとデューイとホワイトヘッドである。彼らの立場は自然的実在論と呼ばれる。

人間のなす経験は、一般に心的なものと考えられ、自然の物理的プロセスから切り離されて理解される傾向にある。しかし、これは経験を意識的内面性に還元して捉えたとき生じる仮象にすぎない。経験は実際にはもっと広範な現象であり、経験するものとして主体と経験されるものとしての自然の融合と統合から成り立っている。ここで言う「主体」はいわゆる認識「主観」ではない。それは神経系の情報伝達によって賦活される生きた物理的身体のエージェント（行為的発動者）である。人間の中枢神経系と末梢神経系を流れる信号は、外部の自然界の情報をコード化したものであり、それと構造的相即性をもっているのである。

こうした全身的な神経信号の流れは、脳において自己言及的に集約されて、経験の主体がこの私である、という意識を生み出す。そして、その意識が身体運動の意志を発動させて、実際の行為を発動させる。このプロセスにおいて自然の情報的構造と神経信号の流れと主体的意識は三位一体となっている。これが、根源的経験における主体と自然の統一性の意味である。

我々の自然に対する共感、ならびにそれを超越する精神性という観念は、どちらも経験と自然の一体性から生まれる双子の兄弟である。この二つは一見相容れないないように思われるが、それは表層的な見方にすぎない。事後的に生じた「経験するものとしての主観」と「経験されるものとしての客観的自然」の対立に囚われると、その仮象が生じるのである。しかるに仮象があるだけ実在があり、影があるだけ本体がある。つまり、我々のもつ精神性と自然の対立という想念は、実は経験と自然の一体性の影絵だったのである。

このことをしっかり把握することが、自然の恩恵によって生かされて生きている「この私」という存在理解を授け、自然と一体となった大いなる我への道を開くのである。

4　人生と自然的生命の和解

古くからある精神主義的思考法において人間は超動物的崇高性をもつものとみなされ、人生の意味は自然科学的思考の枠外に置かれてきた。たとえばキリスト教的人道主義者のトルストイは、生物学的生命論における機械論的説明と自然主義的生命理解における人間と動物の均一化を批判して、真の人間的生命の意味（つまり人生の意味）を解き明かそうとする。彼によると、生物学者が説明する生命のメカニズムは、生命の本質をめぐるものではなくて、ただその付随物を取り扱ったものにすぎない。人間の生命の意味は、自然的衝動としての動物的個我の幸福追求の否定によってのみ理解可能となる、というのが彼の眼目である。そして、この理解の原動力を理性的意識に求める。こうして人々は私利私欲を超えて隣人愛に生きることが可能となり、自らの肉体的死を超えて永遠に生きるのだ、というわけである。

周知のようにトルストイは禁欲主義的理想主義の代表者であり、マルクス主義とは違う仕方で私有財産を否定した。しかし、その姿勢は極端であり、何か不自然さを感じさせる。というのも、彼はもともと裕福な貴族の出身で、しかも若い頃放蕩の限りを尽くしている。性欲などの動物的欲求が極めて強かった彼は、そこから反動的に禁欲主義に転向したのである。それゆえ彼の思想には不自然的人為性が付きまとっている。

この辺は、後で取り上げる有島武郎と似て非なるところである。有島も財産放棄し隣人愛に努めたが、同時に自然を賛美し本能的生活を称揚した。彼は若い頃キリスト教に入信したが、後にそれを捨て、一種の自然的生命主義の方向に走った。

西洋人はとかく性欲を過大視したがる。それはトルストイに見られるような極端な性欲罪悪視からフロイトの汎性欲論までの両端を包摂している。フロイトは人間の意識の根底に無意識的リビドーを置き、性欲こそあらゆる行動と思考の原動力であると考えた。そして、それは神経症などの精神疾患者から健常者まで遍く行き渡っている傾向であるとした。

禁欲的理想主義者は人間における動物性を極端に軽蔑し、ひいては動物そのものを価値の低いものとみなす。これは精神主義者全般に見られる傾向である。しかし、それは人間が類人猿から進化したサルの一種であるという生物学的事実と相容れない。また、人間は実際に食欲と性欲と睡眠欲と群集化の欲求をもつ自然的動物である。ただ意識的思考能力と言語的コミュニケーションが他の動物と比べて傑出しているだけなのである。このことを精神主義者はどう考えるのだろうか。彼らは、生物学的事実は認めつつも、事実と価値は違うのだ、と言うであろう。しかし、事実を無視した思想は、結局は空理空論に終わってしまう。

我々は動物や植物という生物、ならびにそれらを取り囲む自然環境の中で生きている。いくらトルストイのような人道主義を実践しようとも、食料が尽きたり異常気象などによって生存環境が破壊されたりすれば、人類は滅亡してしまうのである。また社会政策上でも、個人の良心に基づく人道主義では埒が明かない面があまりに多い。法律や社会制度による客観的規制も必要なのである。そして、この社会の客観的構造という面は、またしても自然の事実に関わってくる。言い古された理想と現実、理論と実践の間のギャップは、人生論においてもなお障壁となっている。

まず、人間における植物的生命と動物的生命を見直すことが肝要である。人間の生命には、トルストイが称揚するような理性的意識（精神性）だけではなく、単に光に反応し栄養を摂取しつつ成長するような植物的性質があり、身体を動かして食物を得たり性交したりする動物的側面がある。植物性→動物性→精神性という階層を認めるにしても、精神性が下の二つの階層を独断的に統制しているとか、それらから全く独立して機能しているとかみなすことはできない。

人生の意味を問い求める者は、自然の大生命の力によって自らが生かされて生きているという原事実をまず認めなければならない。機械論的自然観は自然と人間的生命を切り離す傾向が強く、これが結果として二元論を派生させるのである。精神主義者が人間的精神性を自然的物質や動植物の生命活動に対置するのは、自然自体に生命性を認めることができずに、それを唯物論者と同様の観点から捉えているためである。つまり、精神主義者も唯物論者もともに精神と物質の二元論的理解を暗黙の前提とした上で、そのどちらかに偏っているにすぎないのである。それに対して、根源的自然主義は精神と物質の分裂以前の自然の大生命というものを基底に据える。これによって人間の心は植物や動物の生命活動との連続性において捉えられ、理性的意識のみが過度に重視されたり、自由意志を否定する機械論的思考に陥ったりすることがなくなる。

機械論的唯物論では自然の過程は目的性や意味や価値をそれ自身ではもたないものとして理解される。

そして、この観点は人間的生命の把握にも影響し、結果として人生の意味を問う視点はその足場を失う。これに過敏に反発して精神主義的態度を称揚しても自然の事実から逸脱した空論に終わるのが関の山である。

人生の意味を問う人間の「意識」は、もともと動植物とつながった自然的生命の自己組織化から生まれたものである。我々が自然の秩序や美に感嘆し、動物の行動に人間以上の崇高性を看取するのは、我々の心の発生元が自然そのものであることを暗示している。心は意識を超えて自然的生命に直結しているのである。

我々は自らの意志によらずこの世に生を受け、また自らの願望に反して死を迎える。人生行路の諸段階において悩みは尽きないものであるが、自らの生が自然における大いなる生命の連鎖に根差したものであることを理解すれば、意識はせせこましい主観性の殻を破って拡張し、自然の中へと融解するのである。

参考文献

（1）『エピクロス――教説と手紙――』出隆他訳、岩波文庫、一九八一年
（2）J・モノー『偶然と必然』渡辺格・村上光彦訳、みすず書房、一九八九年
（3）M・ハイデガー『存在と時間』原佑・渡辺二郎訳、中央公論社、一九九三年
（4）トルストイ『人生論』原卓也訳、新潮文庫、二〇〇六年

第6章　自然と人間

はじめに

「自然と人間」というテーマはこれまで多くの人によって取り上げられ、様々な仕方で論じられてきた。特に、文明化が進み科学技術が高度化した近代以降、自然に対する人為が際立つようになり、このテーマがますます先鋭化してきた。そして、文明と技術による環境破壊が著しくなってきた前世紀において、手付かずの自然の貴重性が改めて認識され、自然の中での人間の位置が取り沙汰されるようになった。

人間はもともと生物進化の過程において生まれた自然的存在である。そして、その身体を構成する物質は他の生物と変わらない。それゆえ、そうした生物である人間が創り出した社会制度や文化や科学技術もまた自然の産物とみることができる。つまり、ミツバチやアリという社会的昆虫が整合的な巣を創り上げるのが自然の現象であるのと同様に、人間の文明も自然に対置されないものとみなしうるのである。

しかし、これはかなり強引な自然主義的曲解であり、事の真相を見誤らせる元となる。というより、そのような見方は真の自然主義からの逸脱である。なぜなら、人間と昆虫の区別も物質と精神の区別も実は自然の事実だからである。多くの人が誤って物質こそ自然の本体であり核心であると思い込んでいる。

物質が基礎をなして自然現象を生み出す、という考え方は表層的である。物質は精神と同様に自然を構成する一契機にすぎないのであり、精神や人為に対して何ら存在的優位性をもっていない。自然は時間・空間という原形式とエネルギーの布置によって構成される生きたシステム、つまり有機体なのである。それは精神と物質の分離以前のものであり、同時にその両者を自らの派生態として現出せしめるのである。

このことを理解すれば、自然と人為の境界を取り払うという知的アナーキズムに陥ることはなくなるであろう。また、人間における精神性を自然の物質性の対極に置いて両者を分断することも避けられるであろう。自然と人間の関係は、自然を生きたシステムとして捉えることによって、初めて的確に理解できるのである。この意味で、「人間の意のままにならない自然の脅威」とか「自然的―動物的欲求に対置される人間精神の崇高性」というお決まりの文句は、自然と人間の関係を見誤ったがゆえに生じたものだと言える。そのように人間を自然や動物に対置する一方では、生きた自然とこれまた生きた人間の関係を的確に捉えることはできない。人間と自然の間には対立と相互浸透性の関係が両立しているのである。

人間は自然を意のままに操作しうると同時に自然の不意打ちに対しては全く無力である。人間は理性的存在であると同時に無意識の情動に左右される感情の動物でもある。総じて人間は心と身体の綜合として精神性と動物性の両義性をもっているのである。

これらのことを銘記して、以下の順序で考察を進めることにしよう。(1)心と自然。(2)身体と自然。(3)人間社会と自然。(4)自然災害の脅威。(5)自然の美と人間の感性。(6)自然と人間の生きた関係。(7)君自身にではなく自然に還れ。

1　心と自然

心と自然は密接に関係している。四季折々の気分。晴れの日と雨の日の気分の違い。夏の猛暑と冬の極寒が引き起こす気分の相違。覚醒と睡眠のリズムが気分に及ぼす影響。これらはすべて生命感情としての心と自然の共振ないし共鳴を示している。

心には理性的意識と無意識的情動の両側面がある。そして、生命感情としての気分は両者の中間に位置する。ここでの「中間《メディウム》」は、段階的に両者の中間にあるということではなく、両者を相互浸透せしめる「媒介性《メディウム》」を意味している。自然と深く結ばれた生命感情こそ心の基底層を形成するものなのであり、その包摂的土台の上に理性的意識と無意識的情動が乗っかっているのである。このことを理解できない二元論は、周知のように心を自然から切り離してしまう。

よく「西洋の思想が心を自然に対置させるのに対して東洋の思想は両者を合一させて捉える」と言われるが、筆者は必ずしもそうだとは思わない。自然には機械論的物質性と情感的生命性の二側面があるが、東洋の自然観は後者に偏っており、物理的側面を十分踏まえたものとはなっていない。もし、心と自然を本当に合一させて捉えようとするなら、無機的物理性の側面も徹底的に顧慮しなければならないはずである。しかし、東洋には西洋に匹敵するように物理科学の伝統がないし、思想上でも唯物論や機械論は極めて人気が低い。とはいえ、心を自然に対置させないという思考姿勢には見習うところが多い。要は、物理的性質も顧慮した上で心と自然の統合的理解を目指すことであろう。

少し前に養老孟司が唯脳論という思想を発表したとき、仏教系の人から多数の非難が寄せられた。筆者の周りの西洋哲学の研究者たちのほとんども唯脳論に反感を示していた。「脳が心を生み出しているのであって、非物質的心という概念は妄想だ」という考え方が反感の元であった。「心は脳から独立して、さもなければそれとは別に次元にあるんだよ」というわけである。

養老の唯脳論は心脳問題を熟慮して構築されたものではなく、心の存在論の観点から見るとあまりにナイーヴである。それと同時に、そのような未熟な思想に目くじらを立てている哲学・宗教系の人も筆者から見ると滑稽でしかない。デューイやホワイトヘッドの思想を応用して言えば、脳は経験の契機ではあっても、経験そのものの基盤たりえないのである。経験は、自然と相即しており、物心二元論的に主観的心性へと還元できない。経験は自然的生命に満ちたものとして、物的極と心的極を包摂しているのである。

脳は約一〇〇〇億個の神経細胞を素子とする回路網からなるが、同時に末梢神経系から求心的に送られてくる信号によって全身と密着している。つまり、脳は身体に有機統合されているのである。この有機統合には神経系のみならず、内分泌系、免疫系も参与している。また脳は、感覚器官を介して外界から情報を受け取り、それを神経計算的に処理して、心の形成に寄与している。

こうしてみると、脳と身体と外界の情報が三位一体的に共鳴することによって人間の心が形成されることが分かる。この三位一体的共鳴こそ「経験」なのであり、それは物理的性質と心的性質を包摂しているのである。脳や身体の様々な回路による情報処理過程も、実はこの「共鳴的経験」の一契機にすぎないのであり、外の自然界と構造的相即性をもっているのである。これは生命の働きの顕現にほかならない。

ちなみに、この全過程を外部から観察している超越的主観などというものは存在しない。ただ、それがある種のトリックによって存在しているかのように思われるだけなのである。心を自然との相即態において捉えたいなら、非物質的ないし超自然的魂とか超越的主観という観念は捨てた方がよい。

自然から発生した心は各人に宿って、その人らしさを形成する。その人らしさとは、その人の本性

（nature）である。普通、「かけがえのない自己」とか「唯一無比の〈この私〉」という観念は超自然的な刻印を帯びているが、本性というものを自然（nature）と捉えるなら、事情は違ってくる。人格性や個性も自然の中に生まれた生命個体の特性として理解できるのである。自己意識の根底には生命的自然の自己組織化活動が控えており、その力によって我々各人は自己のかけがえのなさと尊さを感得できるのである。しかも、自己と他者（私とあなた）は生命的自然という基底層では一体のものであり、分離されていない。それゆえ、自己の尊さと他者の尊さは相互に反転し合う相即関係にあるのだ。

このことは人間の生物学的組成や生理学的システムにも表れている。両親から遺伝子を介して生命情報を継承することは、その代表例である。また、神経系や免疫系や内分泌系の循環形式も生命的自然の形相性を示唆しており、その精緻なシステムは心の自然的基盤の名に恥じない。しかし、一般には二元論的思考法が流布しているので、人体の生理学的プロセスや物質的組成を超自然的主観性としての心に対置しがちである。心と自然のつながりをしっかり把握したいなら、生命活動の一環としての生理学的プロセスの中に心の創発基盤を看取したいものである。

自然には機械的物質性と生命的自己組織性の二面性がある。二元論は前者を過度に際立たせて、心を自然から切り離しているにすぎない。機械的物質性の背後には常に生命的自己組織性が影のように付きまとっており、前者が単独で存在するということはありえないのである。

このことを如実に認識させてくれるのは医学の在り方である。医学は今でこそ素人が近寄りがたい精密な科学技術の体系となっているが、もともとその原型は苦しんでいる隣人を救おうとする素朴な治療行為であった。原始的な形態においても洗練された現代版においても医学は常に治療者の隣人たる患者の「苦痛」に着目し、それをなくそうとする点では変わらない。人間が単なる物質機械なら故障した部品の交換で済む。しかし、人間は機械ではなくて心をもった生命体なので、医者は患者の全人性を顧慮しつつ彼の生命システムの異変を修正しようとするのである。ただし、それは具体的には患者の物質的組成や生理学的システムに働きかけるものなので、外面的には患者を単なる物質として扱っているように見えるだけなのである。

患者が発する苦痛の訴えは、病理学の進歩を影で支えてきた。患者の苦痛は単なる非物質的主観性の次元に属すのではなく、彼の生命システムないし生理学的システムの異変、つまりその「不自然な状態」を示唆しているのである。それゆえ、患者の苦痛は彼の生理学的物質性と表裏一体のものであり、医学はそうした心身相即性に着目しつつ疾患の基礎的病理を解明し治療法を開発してきたのである。これは、心に着目することが人体の生理と病理を深い次元で捉え返すことを可能にする、ということを示している。

患者の苦痛の声は、彼が対象化的物理科学にはできない「内部観測」を自ら実践していることの表れである。そして、この行為の主体は彼の生きられた身体である。心と自然の関係を理解するための手がかりは、この内部観測する身体という現象への着目にある。

2　身体と自然

我々は常に自分の身体の状態をモニターしており、それを内側から観察している。これが身体感覚と身体意識として現象することは周知のことであろう。そして、これらが生きられる身体の「内部感覚」を形成するのである。

身体を内部から観察し、それの現象的質を感得するということは「身体内感」と呼ぶことができる。一〇〇メートルを全力疾走しているときの身体の感覚。市民マラソンに参加して必死に走り続けているときの身体の感じ。睡眠不足や二日酔いのときの朝の身体の感じ。酩酊したときの身体の感覚……等々。これらの身体感覚は、通常とは違い、その質感が際立っている。特に、息切れや筋肉痛が激しくなり、吐き気などの不快な症状が現れた場合、その傾向は極まる。

これらの兆候は外部から他者が観察できるものだが、その現象的質感を意識に反映させているのは当人のみである。もちろん、誰もがそういう体験をしたことがあるので、それに共鳴し、まるで我がことのように感じるのである。つまり、リアルタイムで当人がそれを感じていなくても、仮想的状態としてイメージできるのである。ちょうど、レモンを見ただけで、その酸っぱさをありありと味覚的にイメージして、唾が込み上げてくるように。

これ以外に身体内感を際立たせる現象として逆立ちした状態と眩暈《めまい》を感じた状態を挙げることができ

る。これらは身体が大地に根差した自然的現象であり、その感覚が地球と一体になっていることを示唆する。この一体感は重力と身体意識の関係に着目すると分かりやすい。

自分の身体が地球に対してもっている重力は、体位の変化に応じて様々な感覚を引き起こす。直前に述べた逆立ちや眩暈に伴う身体感覚はその最も際立った例である。その他、寝ているときと椅子に腰掛けているとき、ゆっくり歩いているときとバスに乗り遅れまいとして駆けているとき、重いものをもち上げているときと手ぶらなとき、というふうに、様々な対立する状況において重力関連的身体感覚は異なった様相を示す。

そもそも霊長類が四足歩行から立ち上がって直立二足歩行に移行したとき、この感覚は人類の意識に特徴的なものとなったのである。しかし、それを指摘されるまで、ほとんどの人は重力と身体感覚の関係など明確に意識したことはなかったであろう。なぜなら、この関係は普段、直接意識には上ってこないからである。それは、意識の周縁を形成し、そこから無意識的身体活動へと暗く延び広がっているからである。とにかく、身体は大地に根差しており、その重力関連的感覚を介して自然と直結しているのである。

身体と自然の直結性を示唆する契機はまだある。たとえば、身体を構成する分子とその周りの環境を構成する分子の連続性がそれである。身体を構成する分子は一応、皮膚の外周によって周囲の環境から分断されているが、どちらも物質的分子であるという点では同じである。これは身体と自然の直結性を示唆するものとして最も分かりやすい例であろう。

しかし、身体と自然の関係は内部観測する意識という契機を媒介として、より深い次元で捉えられる必要がある。我々は、毎日の生活で身体を動かしつつ対象を認知し物事を考えている。座って沈思している場合にも身体感覚は背後からサポートしている。いずれにしても我々の認知活動は身体の可能的ならびに現実的運動を携えているのである。そこで内部観測する意識というものは必然的に「内部観測する身体」として捉え返されるのである。自然物質としての身体が一方にあり、それから独立して別の存在次元に意識があるのではない。身体と一体になった意識、というよりも生きられる身体そのものである意識が、自らの状態を内側から観測するのである。そして、その観測行為は常に外の自然の質感を反映したものとなっている。

この観測行為から生命感情が創発し、前述のように心と自然の共鳴が感得されるのである。ここで自然的本性において心と身体は完全に一体となっている。身体と自然の関係は、単に解剖学や生理学に基づいた静態的観点からだけからではなく、意識を伴った身体のダイナミックな活動性も顧慮しなければならないのである。なぜなら、これによって身体と自然が生命的自己組織活動の観点から有機的に統合されつつ捉えられるからである。

3　人間社会と自然

人間社会は自然によって取り囲まれている。大都会と田舎ではその程度は異なるが、基本的に自然の恩恵の下に存続しているという点は同様である。

かつて原野であったところに人が移り住み、住居が点在し始める。さらに住民が増え、街が形成されることになる。それが年月を経て立派な都市となるのである。道路網が広がり、区画が整備され、鉄道が引かれ、繁華街が形成される。この過程を上から眺めてみれば、それはあたかもミツバチやアリが集団で巣を作る様の精密版のように見えるであろう。超霊長類である人間による都市の構築は、社会性昆虫の集団行動の延長上にあるのだ。つまり、人間の作り出した文明の象徴たる近代的都市も、その出所は自然における生物の行動ということになる。しかし、生物の自然的行動もその精密度と複雑度が格段に高まると、超自然的性質が創発し始める。これが自然に対する人工ないし人為と呼ばれるものである。

人間を他の生物から際立たせているのは、周知のように精密な言語体系をもつという点である。その体系は話し言葉によるコミュニケーションを基本とし、文字や記号による情報の保存と伝達、さらには様々なメディアによる情報システムがそれに加わる。これらによって文化が形成され、社会制度が構築され、政治と経済が運営されるのである。こうして出来上がった人間の社会は、自然に密着した生物の集団と比べると人工のものという印象を見る人に与える。

人間の作り出した文明や科学技術は、自然をかなりの程度制御し、一見それを支配しうるかのような錯覚を引き起こす。しかし、それは幻想である。我々は、自らが創り出した文明や技術も結局は自然の恩恵によるものであることを深く認識しなければならない。そして、自然との共存を模索しなければならない。

人間の生活を支えているのは自然が供給してくれる物資やエネルギーである。あらゆる生物はその恩恵に浴しているが、人間の場合にはその摂取において少し常軌を逸したところがあり、それが環境破壊を引き起こし、ひいてはその付けが人間自身に返ってくるのである。意識と言語の獲得による社会制度の充実は、他の生物から人類を際立たせ、たしかに人間の生活を安定化させ豊かにしたが、その力を過信すると、しっぺ返しを食うのである。それを如実に自覚させてくれるのは、周知のように自然災害である。もちろん、それに対処する技能においても人間は優れているが、その力にはやはり限界がある。人間と自然の関係を深く考える際にはぜひとも自然災害の脅威について一考しなければならない。

4　自然災害の脅威

地震や台風や洪水に代表される自然災害は、人間による制御能力をはるかに凌ぎ、その猛威を我々に誇示する。こうした災害は基本的に物質的領域に作用するが、それだけではない。それを被った人々の心をもずたずたに引き裂くのである。特に地震はその傾向が強い。

たとえば阪神大震災である。一九九五年一月に神戸を襲った震度七の激震は、建物や道路や鉄道や地盤を破壊しただけではなく、そこに住む人々の心に計り知れない打撃を与えた。多数の死者と負傷者を出したことは言うまでもないが、生き残った者や無傷で済んだ者もその後辛酸をなめることになった。様々な心的外傷後ストレス障害（ＰＴＳＤ）に悩まされる破目になったのである。不眠や不安はその代表的症状だが、少しの刺激に対しても過敏になり、余震の際や何かの折に最初の大地震（本震）の記憶が蘇り戦慄感を覚えるというフラッシュバック現象も見られた。またこうした精神症状に並行するように様々な身体の不調が現れた。特に、持病や障害をもっている者は不調が増幅された。

こうしたストレス反応的不調は心身症に特徴的なものである。神戸の被災者の場合、もともと心身症の素質がない者も多数この症状に苛まれた。地震は大地が常軌を逸して揺らぐことである。そして、人間の心は大地という自然に根差した生命的（生活的）現象である。それゆえ地震は、その大地に身体的に投錨した生命体の心に揺さぶり、精神を破壊するのである。神戸の地下深くで動いた断層は、大地を揺るがせ、ビルや高速道路を破壊し、結果としてその振動は住民の心にまで届き、その後長期に渡って心の余震を持続させたのである。

心は身体を通して自然と密着した生命的現象である。それゆえ大地が揺れれば心も揺れて、心身に不調をきたすのである。これには精神現象と身体の病理に精通した精神科医といえどもなす術がない。

震災当時、神戸大学の医学部教授を務めていた精神科医の中井久夫は「災害がほんとうに襲った時」

という題で地震に対する自己の感情を吐露している。それは脅威と恐怖以外の何物でもない。彼は日頃「神戸に千年地震なし」と自らの居住地に絶大な信頼を寄せていたが、これが激震とともに瓦礫の如く崩れ去ったのである。まさに青天の霹靂であった。この不意打ちは神戸の街に身体的に投錨していた彼の意識を根底から揺さぶったのである。

彼は「私の急性ストレス症候群」について語っている。不眠、不整脈、便秘といった症状が中心だが、強い不安と動揺を抑えるために普通の睡眠薬以外にメジャー・トランキライザー（重症の精神病に使う強力な精神安定剤）を服用したことを告白している。そして、象徴的なのが身体性に関連する悪夢である。

彼は地震の数日後から悪夢に悩まされ始めた。最初は透明な悪夢で、全く内容がなく「ねじられ、よじられ、翻弄される体感感覚より成る」ものであったが、その後次第に明確となり「体が雑巾のように絞られる苦痛となった」という。「トラサルディ症候群」と名づけられたこの心身状態は、「すべてが渦巻き、激流となっている」周囲の世界と一体のものであった。この世界を彼は「不思議な薄明るい透明性な水のようなもの」と表現している。

この悪夢に現れた身体感覚はまさに大地を介した心と自然の統合性を象徴している。地震にせよ、台風にせよ、竜巻にせよ、干ばつにせよ、大雪にせよ、自然災害はすべて我々の身体感覚に直接訴えかけてくる。そして、かつて野性の生活をしていた我々の祖先の原初的感覚を呼び覚ます。それはまさに自然と一体であった身体感覚なのである。現生人類、特に先進国の大都市圏に住む人間の意識は、生《なま》の自然から離れ、人工的複雑性という様相を呈している。それゆえ、自然との一体感は薄れ、原初的身体感覚は鈍っている。そこに不意打ちがあれば、忘れられていた原初的感覚が堰を切ったようにあふれ出すのである。

自然災害の脅威は我々に人間の意のままにならない原初的自然ないし本体的自然の概念を再考するよう促す。近代科学による技術的世界制御はこの本体的自然の力に対しては無力である。もちろん全く対処する力がないというわけではないが、その対象化的制御という姿勢は、人間中心主義による自滅へと導く可能性が高い。自然の恩恵の下に可能となった人間の文化と科学技術というものの意義と限界性を改めて認識するためにも自然災害の脅威、ならびにそれが示唆する本体的自然（根源的自然、自然それ自体）というものについて一度は熟考してみなければならないのである。

5　自然の美と人間の感性

自然はその猛威によって我々を脅かすだけではない。その美しさによって我々の感性を潤すのである。自然の美は古来、芸術の表現対象であった。自然を題材にした小説や詩、あるいは絵画や音楽といったものは、それを制作した者とそれを鑑賞する者の美的感性の共鳴によって真価を発揮する。なぜなら、我々はもともと自然の恩恵の下に生命活動を営む協働的動物なので、自然の美を相互に分け合い、了解し合う感性をもっているからである。芸術は「共感」を前提としたものであり、ただ独りで享受するものではない。ここには人間同士の生命の触れ合いがある。そして、その基盤となっているのは「自然の大生命」の根源的働きの湧出である。

自然の美は四季の変化とともにその様相を新たにする。特に四季の変化がはっきりとした日本では、これが強く実感される。四季折々の花の開花は、その色彩の印象深さを伴って我々の感性に強く訴えかける。春の桜はその代表である。

爛漫と咲き誇る満開の桜はたしかに美しい。それは理屈を超えた生命感情に属すものである。しかし心身に不調をきたすとその美しさは毒のような様相を呈する。つまり、その裏側が顕現してくるのである。たとえば、梶井基次郎は次のように書いている。

桜の樹の下には屍体が埋まっている！

これは信じていいことなんだよ。何故って、桜があんなに見事に咲くなんて信じられないことじゃないか。俺はあの美しさが信じられないので、この二三日不安だった。しかしいま、やっとわかるときが来た。桜の樹の下には屍体が埋まっている。これは信じていいことだ。

周知のように梶井は夭折した短編作家である。彼の作品は全部、自らの心境を吐露した短編小説であり、それは一種の散文詩のような様相を呈している。主な題材となっているのは自然の美とそれに対する自己の心境である。彼は病的に研ぎ澄まされた感性によってそれを表現しようとしたのである。それは彼の作品の題名にもなっているように「ある心の風景」を描いたものであった。

心と自然の景観は本来一体のものである。近代哲学に毒された主観―客観対置図式では、内面的感性と自然の景観は切り離され、両者の生命的統一性は見失われてしまう。これは簡単に言うと分別臭いものの見方である。厳密な数学的自然科学が一方にあり、他方で申し訳なさそうに文学的感性がある、と思ってしまうのである。しかし数学的物理学出身の哲学者ホワイトヘッドが主張したように、実は物理的自然そのものに生命性と第二性質（普通、主観的だと思われている感性的特質）が含まれているのであり、ワーズワースやシェリーなどの詩人はそうした剥き出しの感性的自然を象徴的に描き出したのである。我が国の梶井もそうした世界一流の詩人に劣らない優れた文学的才能をもっていた。

梶井は学生時代から放蕩を繰り返しており、それが当時の難病たる肺結核発病の引き金になった。しかし彼は決して養生しようとせず、まるで末期《まつご》の目を楽しむかのように、病的に研ぎ澄まされた感性で自然と自己の戯れを描き続けた。しかし、そこにはたしかに自然に対する深い帰依の感情が見て取れる。それは自然との生命的合一を目指すもの以外の何物でもない。そこで不健康な彼は、爛漫と咲き乱れる桜の根元に腐乱して蛆が湧いた屍体が蠢《うごめ》いていることを偏屈に想定しつつも、最後には自然と和解して次のように言うのである。

今こそ俺は、あの桜の下で酒宴をひらいている村人たちと同じ権利で、花見の酒が呑めそうな気がする。

自然の美は、その深層においては単なる楽天的、享楽的美感を超越している。それは有限な人間の知性を超えた自然の無限性を暗示する。芸術作品は基本的に有限による無限の把捉であり、その象徴的暗示であると言える。それゆえ写実的な芸術作品は低級なのである。脳天気に自然の美に酔っている民衆もまた心が貧しい。前にも言ったように、悩みのない健康馬鹿には深い精神性などないのである。梶井という作家の生き様と作品はそれを我々に如実に知らしめてくれる。

ところで、自然の美はまたその秩序の顕現でもある。とすれば、美を表現する芸術と数理構造を解析しつつ秩序を捉える自然科学は同一の根源を別の仕方で見ているにすぎないことになる。これは古くからロマン主義の自然哲学が説いてきたことであるが、前世紀から興隆してきたシステム論や新たな自然学の構想は、それを洗練された方法で捉え返そうとしている。その際、基幹となるのが「情報」というものを物質の根底に置く、新たな自然観である。情報（information）はプラトンのイデアとアリストテレスの形相（eidos, form）に淵源する概念であり、自然の秩序を指し示している。それはまた物質と心の分裂以前の自然の根源を示唆してもいる。「自然の美と人間の感性」という問題は、こうした次元を顧慮して立て直される必要があるのだ。

6　人間と自然の生きた関係

前二節で述べたように自然はその猛威と美という両極端の性質によって我々に訴えかけてくる。「訴えかけてくる」と言うと、すぐに「そんな擬人化はよせ」という批判が寄せられそうだが、それに耳を貸す必要はない。自然は我々と同様に生きており、秩序を自己組織化しているからである。人間が所有する認識と思考のカテゴリーもその源泉は自然の秩序にある。それゆえ、「訴えかけてくる」という表現で我々が捉える人間的現象の原型式もやはり自然現象のうちにあるのだ。

たとえば、入道雲（積乱雲）の形成は雷雨の発生の準備段階にあるが、実際にその形成と発生のプロセスを観察し体験し続けてきた者は、前者を後者の「予告」つまり「訴えかけ」として解釈するようになる。つまり、物理的事象としての準備段階が知覚者によって心的事象としてのメッセージへと転換されるのである。ここでは人間の意識と自然の物理的プロセスの間には相即性はあっても分断はない。ただ人間の意識には高度の複雑性があり、物理的事象を心的表現に置き換える能力において「創発性」が際立つだけなのである。つまり、気象を常に気にかけている生活体としての人間は、入道雲の形成と雷雨の発生を他の事象との重層的な関連性において捉えるので、その意味解釈の結果としての言語的表現が一見非物理的で超自然的なものに思えるのである。

それゆえ、文学による自然の表現と物理系の科学による自然の分析的理解の間には断絶が存するように感じる。たとえば「中秋の名月」という文学的表現は、天文学や宇宙物理学が規定する月という天体の物理的性質とはかけ離れたものであり、両者の間には表現上の巨大なギャップがある。しかし、周知のように両者は自然においては同一である。このことは何を意味しているのであろうか。

既述のように、自然には機械的物質性と生命的自己組織性という二面性がある。物理系の科学は基本的に自然の機械的物質性を対象としている。そこで、月もその感性的―文学的性質が剥奪されて、無味乾燥な機械的性質のみが取り扱われるのである。それに対して、文学などの芸術では月の感覚的性質のみが際立たせられて、その機械的物質性は全く顧慮されない。このように我々は同じ対象に対して二様の態度で接することができる。しかし、月はその自然態（人間的解釈によって加工される以前の素の様態）においては機械的物質性と感覚的性質（の元となる生命的自己組織性）を包摂する統一態をなしている。我々は、このことを顧慮して、単なる機械的物質性を超えて、自然の生きた性質に目を開かなければならない。

ちなみに、自然対象の感覚的性質と自然そのもののもつ生命的自己組織性の間にはたしかに深い相即性があるが、両者を安易に直結させてはならない。文学的表現はやはり自然対象の創発的性質の上面をなでただけという性格が強いからである。それに対してシステム論的科学が捉える自然の生命的自己組織性は、自然対象の物質性の内奥への侵入によって得られたものであり、創発的結果相だけを見てはいないのである。

我々は、自然のもつ感性的側面と生命的自己組織性と機械的物質性をバランスよく理解し、それらの間に成り立つ三位一体構造を看取しなければならない。なぜなら、それによって人間と自然の生きた関係が精確に理解できるようになるからである。そして、その際理解の要となるのは先述の「生きられる身体」ないし「内部観測する身体」という契機である。我々は、こうした身体性を介して自然の脅威と美と物理的性質を生きた脈絡で捉えるようになる。つまり、自然の意味を文字通り「体で覚えていく」のである。

7　君自身にではなく自然に還れ

人は死に際して素直に自分自身を受け容れるものである。それは全現実の肯定であり、自然との和解である。そして、これは人生に絶望して自殺を決意した者の意識にすら現れる。たとえば、芥川龍之介は遺書「或旧友への手記」の中で次のように自らの心情を吐露している。

我々人間は人間獣であるために動物的に死を怖れている。いわゆる生活力というものは実は動物力の異名に過ぎない。僕もまた人間獣の一匹である。しかし食色にも倦いたところを見ると、しだいに動物力を失っているであろう。僕の今住んでいるのは氷のように透み渡った、病的な神経の世界である。……僕はいつ敢然と自殺できるかは疑問である。ただ自然はこういう僕にはいつもよりいっそう美しい。君は自然の美しいのを愛し、しかも自殺しようとする僕の矛盾を笑うであろう。けれども自然の美しいのは僕の末期の目に映るからである。

周知のように芥川はこの遺書を書いた同じ月に自殺を決行した。一般に自殺は精神的存在としての人間にのみ可能な超動物的行為と思われているが、彼は自殺も動物的行為であることを示唆している。そして、自殺を決意したがゆえに自然がいっそう美しいものになったことを告白している。

晩年の芥川は神経を病んでいた。古典的表現としての「神経衰弱」の極致である。全世界が彼を攻撃し、神は彼に最大の罰を与えようとしていた。これは精神世界の地獄であり、神経と心が自然から疎外されて、ひたすら自虐的傾向に邁進したことを意味する。生来虚弱であった彼の肉体はますます衰弱し、自然との有機的つながりを失い、心と結託して彼を自殺へ導いたのである。

ところが、最後に遺書の中で彼は自然との和解を告白している。はたして彼の人生は全くの不幸に終わったのであろうか。彼の文学的偉業は後世に伝えられ、近代日本の純文学の金字塔と謳われている。彼の同時代人には健康にも名声にも富にも恵まれた者が多数いた。しかしそれは生前のことであり、死後彼のように全世界的規模で語り継がれる者はほとんどいない。彼の珠玉の短編小説群は人類が存続する限り、貴重な文化遺産として伝承されていくであろう。つまり、彼は半ば永遠の生命を得たのである。

若くして難病で死ぬか長寿を全うするか、あるいは幸福な一生を送るか不幸に終わるかは、ほとんどが運である。そんなものでは人の価値は決まらない。問題は自然をどう受け容れたかによる。

芥川の晩年の煩悶には、彼自身の自我との格闘が深い影を落としている。彼は自らの生涯を「或阿呆の一生」というタイトルの短編に凝縮し、その結末を「敗北」と記した。また、自己の内面の葛藤を二つの自我の対話に擬した「闇中問答」の結末は痛ましい。

芥川龍之介! 芥川龍之介、お前の根をしっかりとおろせ。お前は風に吹かれている葦だ。空模様はいつ何時変わるかもしれない。しっかり踏んばっていろ。それはお前自身のためだ。同時にまたお前の子供たちのためだ。うぬ惚れるな。同時に卑屈にもなるな。これからお前はやり直すのだ。

ここではまだ彼は生に執着している。いや、おそらく前掲の遺書の時期にもこの気持ちは残っていたであろう。それはそれでいいのだ。生への執着もまた自然の事実であり、彼の言う「動物力」の表れである。自らの気持ちに正直であった結果、彼は永遠の生命を得たのである。ちなみに、ここで言う「永遠」には超自然的意味は全くない。彼は心臓停止後、確実に前方に向かう彼の時間的生命を失ったのである。そして火葬後、骨だけになった。

人の永遠性というものは、いかに自然に深く帰依し、自分と和解したかによって決まる。それは不幸であったか幸福であったかには関わらない。また死後の名声を得たか何の業績も残さなかったかも問題ではない。とにかく大事なのは「自然への還帰」ということなのである。

我々各人はそれぞれ「かけがえのない自己」というものをもっている。「自分らしさ」とは各人の本性（nature）であり自然（nature）である。これは単なる語呂合わせではない。自然への深い帰依が自分を自分らしくするのである。ところが、一般に「かけがえのない自己」は「唯一無比のこの〈私〉」と解釈され、自己の自然よりはその超自然的精神性が重視される。この思考傾向が変な方向に逸脱すると、周知の非物質的精神とか不死の霊魂という観念に誘う。そこまでいかなくても、多くの人は自己というものを物理的因果性の枠外にある精神的自律性という範疇で捉える傾向にある。この二元論的思考は、先述の自然の二側面性を全く無視している。

自然は物質と精神を包摂する生きたシステムであり、この中に人間個体という生命的存在があるのだ。つまり、前者はマクロ生命システム、後者はミクロ生命システムというわけである。そして、この大小二つのシステムが共鳴することによって「自然への還帰」が実現する。

生命は生命個体の特性であるとともに個体を超えた大いなる連鎖を形成する。激しい煩悶の末に自殺した芥川といえども無意識裡にこのことはわきまえていたと思う。彼の死は個人主義の敗北を意味をするものだとよく言われるが、はたしてそうであろうか。人生には勝利も敗北もない。それは毎日肉食を実行している慈善家や人道主義者を見ればすぐ分かる。公共の福祉を目指す人に食われる動物ははたして敗北者であろうか。そして、肉食の人道主義者や精神主義者は勝利者なのであろうか。もし、そうだとするなら、勝利者は敗北者のおかげで生きていることになる。しかし、弱者を食い物にする自称善人に何の価値があるであろうか。率直に個人主義を認めた方が潔いであろう。それによって偽善が避けられるのだから。

また、個人主義は決して他人を蔑《ないがし》ろにするものではない。むしろ、ひたすら他人の「自分を大切にする姿勢」を重んじるのである。それに対して、自分を大切することができない野放図な共同体主義者、あるいはもっと平たく言って社交好きな俗物は、他人の孤独を容認できず、結果として他人の人格の尊厳を踏みにじる。

自分を大切にし、自己の内面に沈潜しつつも、自然へと深く帰依できる者が、勝利と敗北という相対的価値を超えて、人生の真の意味を見出すことができる。この際、最終的には自己の内面は突き破られ、生命の大いなる連鎖が眼前に開けてくる。そして、自己が自然の大生命によって生かされて生きているということが、骨の髄まで沁み渡るような仕方で分かってくる。このことは「我々の存在の意味は隣人愛と社会福祉にある」という理解と表裏一体の関係にある。そして、それを見抜くことが、「君自身にではなく自然に還れ」という理念へと我々を導くのである。

参考文献

(1) J・デューイ『経験と自然』河村望訳、人間の科学社、一九九七年
(2) 石田秀美『気のコスモロジー――内部観測する身体――』岩波書店、二〇〇四年
(3) 中井久夫編『一九九五年一月・神戸――「阪神大震災」下の精神科医たち――』みすず書房、一九九五年
(4) 梶井基次郎『檸檬・ある心の風景』旺文社文庫、一九七七年
(5) A・N・ホワイトヘッド『科学と近代世界』上田泰治・村上至孝訳、松籟社、一九八七年
(6) 芥川龍之介『或る阿呆の一生・侏儒の言葉』角川文庫、一九九六年

第Ⅱ部

文学と哲学における人間理解

多くの文人に愛された避暑地・軽井沢。ここは秋の紅葉も見事である。
春の桜に対して秋の紅葉。どちらも古くから文学の題材となってきたものである。
心躍らす満開の桜の豊麗さに対して，晩秋の紅葉には沈静への吸引力があり，逸る心を諫めてくれる。写真は雲場池近くの別荘地のもの（2008年10月29日，筆者撮影）。

第7章　文学的人間観

はじめに

文学の主題は人間と人生であると言って過言ではない。もちろん自然や社会の事象も取り上げられるが、中核となるのはやはり人間の生き様と心境である。また、文学では美も関心の的となる。これは他の芸術と同様である。第I部では心・生命・自然という三つのテーマを取上げ、それらを相互に関係づけるような仕方で論じた。その際、哲学的観点が中心となっていたが、文学的観点にも少し触れた。本章では、文学的観点をクローズアップして人間の本質を問いかけてみたい。

文学は芸術の一分野である。それゆえ哲学と違って人間の本質の普遍的定義のようなものは求めないし、科学のようにそれを客観的に分析・解明しようともしない。文学は言語表現によって人間の本質を暗示しようとするだけである。それは同時に超人間的次元を象徴しようとする意図を秘めている。つまり、人間的事象を内側から描きつつ、人間を超えた次元を象徴的に表現しようとするのである。

文学の中で人間観を最も鮮明に打ち出すのは小説という分野である。周知のように小説には短編と中編と長編がある。基本的に物語であるという点は共通しているが、短編小説の中には散文詩と見分けがつかないものもある。自分の心境を観念的に表現したものや自然の光景の一断面を象徴的に表現したものがそれである。中編以上になると人間の生き様を描いたものがほとんどとなり、物語性が強くなる。主人公とそれを取り巻く主要な登場人物が設定され、彼らの心のぶつかり合いが描かれる。そこから人生の目的とは何か、生きがいとは何か、人間の本質とは何かといったことが示唆される。哲学のような普遍的定義や科学のような客観的解答はない。しかし同時に宗教における教義化による押し付けのようなものもない。

小説の中にはまた超越者や救済を求めたものもある。それは、人生への絶望からの脱出を仮構の世界で象徴的に表現する、という方策を取る。西洋の小説には明らかに神への帰依を意図したものが多いし、主人公をキリストになぞらえたものも多々ある。日本の小説では太宰治の『人間失格』がこの傾向を代表している。

太宰の『人間失格』は本章にとって格好の題材である。周知のようにこの小説は夏目漱石の『こころ』とともに最も読者が多い。ここ数十年の文庫本の売上一位は両作品が二分している。もちろん海外でも高い評価を受けている。それは人間の本質を突く普遍性をもっているからである。

人間を失格した主人公のモデルはもちろん太宰本人である。しかし、三島由紀夫が太宰の「キリスト気取りの顔が気に食わない」と言ったことが暗示する通り、人間を失格した主人公の裏モデルは実はキリストなのである。

本章では太宰を中心に話を進めることにする。他に取り上げられるのは有島武郎、芥川龍之介などである。また、次章との兼ね合いで志賀直哉にも触れる。いずれにしても考察の主題は人間の本質であり、それを扱う文学的方法の特異性である。

1　人間失格とは？

太宰の代表作『人間失格』は人間の本質を考えようとする者にとってタイトルからして示唆的である。「人間の条件とは何なのだろうか」「人間の名に価する行為とはいかなるものなのか」といった問いは多くの文学者が投げかけてきたものだが、一般の人も時折それについて深く考えることがある。その場合、逆の条件、つまり「人間の名に価しない行為」とか「非人間的生き様」といったものが参考になる。「人間失格」というタイトルはまさにその逆条件を暗示している。

我々はみな多少なりとも自尊心というものをもち、基本的に自分は非道ではない人間的な生き方をしていると思っている。特に犯罪というものに手を染めたことがない場合、この信念は確固としたものに

昭和22年３月，三鷹の陸橋に立つ太宰

なる。つまり、我々のほとんどは自己に関して人間失格者であるという意識をもっていない。いや、「ほとんど」と言うよりは「全員」と言った方がよいかもしれない。しかし、ここに大きな陥穽がある。それは自称善人の驕りという罠である。

　太宰も愛読した聖書には「義人はいない。一人もいない」とか「汝らのうち罪なき者、まずこの女を石にて打て」という言葉が出てくる。キリスト教には原罪という考え方があり、人間は生まれながらにして罪を負っており、むやみに自分の善人振りを誇るなという戒めがある。また仏教にもこれに似た考え方がある。たとえば、親鸞の悪人正機説がそれである。「善人なおもて往生を遂ぐ、況や悪人をや」という格言はあまりに有名である。

　我々はみな基本的に自尊心に従って罪を犯した者や悪人と思われる者を無下に批判し断罪する。しかし、それだけではない。特に悪人とみなされない者に対してすら、その批判は向けられるのである。その場合、批判する側の者には「正しいのは私だ。悪いのはひたすら彼であり、私には全く非はない」という思い込みがある。これはかなり脳天気な考え方だが、本人にはその自覚の欠片もない。これは、太宰の言葉を借りて言うと、「エゴイストになりきって、しかもそれを当然の事と確信し、一度も自分を疑ったことがないんじゃないか？」と表現できる事態である。

筆者はある人に「太宰は自分が大金持ちの家に生まれたこと自体に罪の意識をもっていた」と言ったことがある。そうしたら、その人は「金持ちの家に生まれることが罪なんですか？」と天真爛漫な反論をしてきた。こうした楽天的な考え方は民衆の約九五％に及んでいると思われる。こうした傾向からすれば、「だから太宰は自らの身を滅ぼすことによって、罪を償おうとしたんだ」という発言に対しては、「そんなの意味がない。単なる自己満足だ」という反論しか返ってこない。事実、その人はそういう反応をした。

言うまでもなく、その人と同じように我々のほとんどは裕福な生活を求め、金持ちであることに罪の意識などもつことがない。しかし、前述のように犯罪者や悪人には厳しい批判の矢を向ける。そして、意外と気づかれないことであるが、他人と同調して行動できない者、因習に逆らう者、個人主義を信奉する者にもこの批判は向けられる。あるいはもっときわどい例を挙げると、精神障害者や有色人種や被差別部落出身者やハンセン病の患者にも向けられる。そして、いつのまにかそういう人たちを苛《いじ》めたり迫害したりしてしまう。しかし、本人には全く罪の意識はない。つまり「自分は全うな人間であり、彼らは人間失格だ」というわけである。ここには自称善人の驕り、つまり偽善が露呈している。太宰の『人間失格』という作品は、これに対する諭し、反語という意図をもっている。すなわち「人間失格なのはたしてどっちかな?」というわけである。

ある哲学者は「幸福になることを目指さずに、幸福に価する人間になることを目指せ」と主張した。また、ある文学者(小説家)は「全世界の人が一人残らず幸福になるまでは、私は幸福になる資格がない」と言った。たいていの人は、こういう発言を聞くと、「なんて堅苦しい考え方だ。もっと楽天的であるべきだ」という反応を示す。そして、この傾向は貧乏人から金持ちまで、無学な者からインテリ層まで幅広く及んでいる。

2 奇跡か隣人愛か

周知のように太宰は芥川龍之介に私淑していた。芥川も太宰も結局自殺してしまったが、両者ともキリスト教とイエス・キリストに深い関心を寄せていた点は共通している。芥川の最後の作品は「西方の人」と題されている。しかし、芥川と太宰ではキリスト教への関わり方が根本的に異なっている。芥川はどちらかと言うと知的関心が強く、理性で割り切る傾向が強い。そこで奇跡のような超自然的力を信じることができない彼は、結局キリスト教に深く帰依することができないで終わった。それに対して太宰のキリスト教への関心はより倫理的で、こう言ってよければ哲学的である。超自然的次元などには全く関心がない。ただひたすらイエスの「汝自身を愛するように汝の隣人を愛しなさい」という教えを信奉し、それを実現しようとあがいたのである。

キリスト教にせよイスラム教にせよすべての宗教には超自然的力による救済の示唆が含まれている。宗教に反感を覚える者はたいていこうした不合理主義に疑念をもっている。しかし、よく調べれば分かるように、宗教にはそうした不合理な超自然主義と同時に弱者や例外者を保護しようとする博愛主義がある。こうした姿勢は必ずしも超越者や超自然的原理によるバックアップを必要としない。それゆえ科学的啓蒙主義と対立しない穏当性を秘めている。それに対して、オウム真理教に代表されるカルト集団には著しい倫理性、道徳性の欠如がある。そして同時に疑似科学への傾斜が見られる。もともとオカルト主義というものは自己疎外から生まれた偽善の体系なので、そうした傾向がいつのまにか露呈してくるのである。

「自己疎外」とは、真の自己実現に失敗した自我の様態を指している。これは、「周りのものがみな全うな人生を歩んで社会的成熟を実現しているのに対して、自分は仲間はずれになっている。これは自分の責任ではない。悪いのは他人、周りのみんなだ」という心情から生じる斜に構えた意識である。簡単に言うと、ぐれて依怙地になっているのである。そして、この心情が現実逃避としてのオカルトへの関心を誘発するのである。つまり、日常的現実から目をそらして架空の世界へと逃避するのである。

太宰の『人間失格』は一見、現実逃避としての退廃主義であるかのような印象を読者に与えるが、よく読むと、そこにはイエスの隣人愛の思想が息づいていることが分かる。そして、彼はオカルト的なものに全く興味を示さなかった。芥川も理知的なので、そのような幼稚なものには関心をもたなかった。

しかし、彼には太宰的な愛の思想が欠けている。

近代日本の小説には人間のエゴイズムをテーマにしているものが多い。芥川の初期の作品（「羅生門」「蜘蛛の糸」など）や漱石の『こころ』もそうである。そして太宰の『人間失格』もまたそれをめぐっていた。そもそも自分は全うな人間であり人間合格だと野放図に信じて疑わない人は自分の内なるエゴイズムに悩むことなどない。たとえば志賀直哉がその傾向を代表している。

3　太宰治と志賀直哉

志賀は白樺派に属す作家である。一時期小説の神様と呼ばれたほどの名人肌の作家であったが、一部の評論家や他の作家からその人格的欠点を指摘されている。その代表が太宰である。二人の不仲は人間性の根本的相違を表している。

事の発端は太宰が『津軽』という作品の中で志賀を婉曲に批判したことにある。それに憤慨した志賀が今度は太宰の悪口を言い始めたのである。志賀の観点は、まず太宰が自分の弱さを隠そうとするとぼけたポーズが気に食わない、というものである。それは「若い人として好ましい傾向ではない」らしい。また、いくつかの作品で話のオチが見え透いているのも気に入らないらしい。そして有名な話だが、太宰の第二の代表作『斜陽』の中で使われている貴族の娘の言葉が変なのが腹立たしかったという。これらの罵詈雑言はすべて太宰に対する感情的反発から出たものである。

それに対して太宰は「如是我聞」において捨て身の反撃に出た。もはや婉曲さの欠片もない激しい口調である。彼の志賀に対する批判を箇条書きすると次のようになる。

（1）お前にとって最も大切なのは家庭の幸福であり、それは成金者のエゴイズムを表している。
（2）お前らは愛さない。お前らは愛撫するだけである（つまりイエスの言う真の隣人愛などない）。
（3）普通の小説というものが将棋だとするならば、お前の書くものは詰め将棋である。これはお前の思索が粗雑で教養がないのと関係している。
（4）お前は幼稚な軍人精神に満たされている。「シンガポール陥落」という小文の中で「一億一心は期せずして実現した。今の日本には親英米などという思想はありえない」とお前は書いたが、その無神経さは東条英機をはるかに凌いでいる。
（5）お前は人間の弱さを軽蔑し、自分に金があるのを誇っている。「小僧の神様」という短編はそれを露呈している。何が神様だ。その神経は、まるで新興成金そっくりではないか。
（6）お前は俺の『斜陽』に出てくる貴族の言葉使いが変だと言っていたが、お前の「うさぎ」には「お父さまは、うさぎなどお殺せになさいますの？」という言葉がある。「お殺せ」と娘に言わせて恥ずかしくないのか。
（7）お前は芥川の苦悩が全く解っていない。日陰者の苦悶、弱さ、聖書、生活の恐怖、敗者の祈り。

こういったものがお前には全く解っていない。これは思想や教養なしに世知だけで生きているお前の素性を表している。

まず、この箇条書きをパソコンに入力している際に「お殺せに」という部分の下に赤い波線が表示されたことを指摘しておこう。周知のように、この表示は「不自然な日本語の表現」に警告を発するものである。

志賀は名文家として知られ、その簡潔な文体には定評があった。一つ一つの言葉が洗練されつつ文章が綴られているのである。しかし、太宰が指摘するように彼には思索と教養が欠けている。そこで、時折こういう軽薄さを曝け出すのである。

さて、揚げ足取りはここまでにして、本質を突くことにしよう。志賀は太宰の弱さを隠そうとするポーズが嫌だと言う。それに対して太宰は弱さを軽蔑する志賀の俗物性を晒し出す。もともと強さや弱さというものは人間性の表層に属す性質であって、人間の真の価値とはあまり関係がない。この点では太宰も志賀も感情的になっているとしか思えない。つまり、両者とも自分の資質を擁護ないし贔屓《ひいき》しつつ価値観、人間観を吐露しているのである。そこで、この点に囚われていては事の本質を見逃す破目になる。

「気は優しくて力持ち」とか「強さは優しさのうちに秘められている」という通俗的言い回しがある。他方、「優しさは弱さを隠すためのベール」という揶揄的表現もある。理想的なのは前の二つであるように思われるが、そう簡単には問屋が卸さない。後者の観点が民衆の頭にこびりついて離れないのである。

我々は基本的に陰鬱なもの、病気臭のするもの、不幸なものが嫌いである。「弱さ」もこの系列に属している。そこで、弱さを軽蔑するということは、障害者を足蹴にするのと何ら変わらない卑劣な行為ということになる。しかし、実際にはそこまでする人はまずいない。いつのまにか陰気な人を苛《いじ》めていたというのが関の山であろう。とはいえ、この傾向が積もると社会的弱者の迫害につながるのは歴史上の事実である。

生物学者ダーウィンが主張した淘汰説、つまり適者生存説を人間社会に適用した思想がある。社会ダーウィニズムと名づけられたその思想は、その最も俗悪な形態においては知能の低い者や身体障害者、あるいは虚弱体質者や難病の罹患者は生存価値のない者とみなされる。つまり、優秀者と強者が生き延びる価値があるのであり、劣等者と弱者は淘汰され死滅する運命にある、と考えるのである。身分制度や人種差別などもこの一種である。

ところで、虚弱体質のインテリと頑健な低学歴者ではどっちの方に価値があるのだろうか。また、隣人愛に満ちた身体障害者と残虐な健康人のどっちが優れているのだろうか。こうした例は枚挙に暇がないが、どれも強—弱、明—暗、優—劣という対置図式自体が相対的なものであることに気づかせてくれる。しかし問題は善—悪という対置図式である。これだけは相対的なものとして軽視することはできない。ニーチェが提唱したような「善悪の彼岸」といったものを安易に想定してはならない。それよりも

「強弱の彼岸」について熟考すべきである。

我々は基本的に不快なものを悪、快感を呼ぶものを善とみなす自然的傾向をもっている。「そう考えてはいけない」という理性ないし良心の声に後ろ髪を引かれつつも、ついそうしてしまうのである。志賀にはこの傾向に対する歯止めがあまり感じられない。それは彼の簡潔な文体にも表れている。歯切れがよく、一見潔癖さを象徴しているように思われるその文章は、実は思慮の浅い平均的市民の意識、さらには俗物性といったものを表示しているにすぎないのである。そこには不快なものを悪とみなす低俗な価値意識が蠢《うごめ》いている。それに対して一見感情的になって罵詈雑言の限りを尽くしているように思える太宰には、価値に関する立派な哲学がある。それは彼を品行方正な方向に導けばすぐに社会福祉思想に変貌するような性質のものである。多くの人が、彼の病弱さや放蕩的生活態度という外貌に幻惑されて、彼の道徳的真価を看取できないでいる。しかし、その不良性がまた彼の魅力でもあるのだ。そこには老獪な偽善性のない青年の純粋性がたしかにある。

4　有島武郎と自然

太宰と志賀のどちらに軍配を上げるかに関しては、志賀と同じ白樺派に属しつつも太宰に似ていると言われる有島武郎の存在が大変参考になる。

有島は『或る女』を代表作とする大正期の作家であるが、経歴が異色である。札幌農学校で農業経済学を専攻後アメリカに留学し、歴史、労働問題、文学などを研究した。彼の小説には表立って経済や労働の問題は登場しないが、評論などにおいてそれを扱っている。

彼はクロポトキンの影響で私有財産制度と資本主義社会に疑問をもち、無政府相互扶助社会の実現を理想としていた。ただし彼は資産家の息子で父から莫大な財産を相続していた。つまり彼は有産階級に属す人間、しかも知識人であった。そして、自己と無産階級の労働者との間に埋められない溝が存することを自覚していた。すなわち、自己の視点はあくまで有産階級の知識人のものであって、最下層（第四階級）の無産労働者自身の立場や内面的苦しみなど実感できない、と思っていたのである。これは自己の限界をわきまえたものであり、ある意味で誠実な態度と言える。上から押し付けの自称慈善、つまり偽善性（筆者が学生だった頃まだ残っていたマルクス主義者たちにこの傾向がよく見られた）がないからである。

一般に社会派の作家は人間の個人的内面性を描くのが苦手であるが、有島はそれを繊細かつ豪胆な筆致で表現して読者を魅了した。その筆致は代表作『或る女』で頂点を極めた。主人公の早月《さつき》葉子は、無産階級の労働者とは縁遠い上流階級の娘に生まれ、美貌で才気溢れる女性という設定となっている。その美貌を武器にして幾人の男を渡り歩く放埒ぶりは、女性のつつましさを説く当時の道徳観からは程遠く、また無産階級の陰鬱さの対極にある。

『或る女』には実は有島をモデルにした脇役が登場する。しかし、ある意味では主人公の葉子自体が有島の分身なのである。旧来の個性抑圧的な道徳観に逆らって大胆不敵に自我の要求を解放しようとし、肉欲的な本能的生活にのめり込み、最後は悲劇的破綻を迎えるという葉子の生き様に、彼は自らの内なる欲求を投影し、また秘かに自己の悲劇的運命を予感していたのである。それは時代に先んじた個性的自我のもつ悲劇的結末の予感であった。

有島のモデルというのは古藤という小心者で、実行力の伴わない内省型の人間を象徴していた。それに対して、葉子を虜《とりこ》にした野獣のように逞しく豪快な男・倉地は、有島が称揚した本能的生活の体現者のようであった。こうした人物設定にも有島の二面性が窺われる。これは彼の言う「二つの道」に当たる。

二つの道とはすべて対立する項目からなるもので、人はその対立に悩まされ、どちらの項目に賛同しようかと考えているうちに年老いて死んでしまう。皮肉なことに、この死の瞬間に絶対調停不可能だと思われていた二つの対立項は和解し一つのものになるのである。筆者はその一つのものとは「自然」だと思う。

唯物論と唯心論の対立に悩まされ、観念論と実在論のどちらが正しいかと議論し、個人主義と社会主義の相克について考え込む。そして精神と物質のどっちが根源的存在なのであろうか、と思案に暮れる。これが哲学的二元対立の典型である。AかBか、そのどちらかである、というわけである。しかし答えはない。なぜなら一見絶対に相容れないと思われた二つの項の対立相は、実は根源的一者から発する二面相にすぎないからである。根源的一者は「自然」ないし「自然の大生命」である。それはすべてを包み込む無限性をもっている。それは人間の作り出した二元論的図式をあざ笑っている。

有島は「惜しみなく愛は奪う」において二元的な知的生活の上位に一元的な本能的生活を置いている。知的生活においては個性と外界は対立しているが、本能的生活においてはその対立が克服される。というよりは消え去るのである。まさに自然に。

彼が称揚する本能的生活を野獣や原始人の生命活動と混同してはならない。それは知的生活を内側から乗り越えたものであり、知的生活とは無縁な野生動物の行動とは全く違うのである。そこで彼は人間的な愛をもち出す。しかも与える愛、献身的な愛ではなくて、奪う愛、自己の個性と自由を拡張させるような愛である。この思想の根底にあるのは恐らく自然の大生命への深い帰依であろう。しかし最終的には奪うか与えるかはどちらでもよいと筆者は思う。問題は自然へといかに帰依したかにあるのだ。この点を有島の農場解放の経緯と結びつけて考えてみよう。

周知のように有島は北海道のニセコに父から譲られた広大な農場を所有していた。この四五〇町歩の農場は、彼の父が、息子たちが何かの不幸で食べて行けなくなったときの救済策として自ら開拓したものであった。彼は父の死の六年後（これは自殺の前年である）にこの農場を小作人に無償で解放した。これには先述のクロポトキンの私有財産否定と相互扶助社会の思想が影響していた。それと同時に自然に対する深い帰依の念があった。彼は「小作人への告別」の中で次のように述べている。

> 生産の大本となる自然物、即ち空気、水、土、の如き類のものは、人間全体で使用すべきもので、

北海道ニセコの樺太農場事務所前にて
右より管理人吉川銀之丞, 武郎, 曾我

或はその使用の結果が人間全体に役立つようし向けられなければならないもので、一個人の利益ばかりの為めに、個人によって私有されるべきものではありません。然るに今の世の中では、土地は役に立つようなところは大部分個人によって私有されている有様です。そこから人類に大害をなすような事柄が数え切れない程生まれています。それ故この農場も、諸君全体の共有にして、諸君全体がこの土地に責任を感じ助け合ってその生産を計るよう仕向けていって貰いたいと願うのです。

我々は自然の中で生まれ、いずれ自然に還る。我々の一生は自然の恩恵によって成り立っているのである。ところが、生産の資材としての自然物の私有化はこの恩恵を忘れさせる。そこで、自然災害に対する防御力を脆弱化させ、結果としてそのしわ寄せが個人に及ぶのである。これは、個人の利益を優先させると、全体としての人類の存続が危うくなる、ということを意味している。それゆえ私有化を否定する共生農園が必要となるのである。

しかし彼は自ら創設した共生農園に関して決して楽観していなかった。共有財産の保護に関して無頓着な日本の法律の下では、いつか資本家の手に戻される可能性が高いと思ったからである。そして彼は農場解放の翌年に軽井沢で心中し、自然に還った。彼には同時代の人道主義者や社会主義者に見られるような自己の行為への楽天的信頼心はなかったのである。しかも彼は、多くの精神病理学者が指摘するように、躁うつ病の傾向を有し、周期的にやってくる抑うつに悩まされていた。最初の自殺企画は既に札幌農学校在学中になされている。

この辺の事情は複雑で、彼を単純に良心的な人道主義者とみなすことを許さない。また、愛の本質が与えるものか奪うものかという問題も、小作人への農場解放の顛末を顧慮すると、どっちつかずのものとなる。そんな問題は定番のギブアンドテイクで片付けてよいのである。ただし彼が本能的生活において愛は奪うと言うとき、そこにあるのはやはり自然への深い帰依の感情だと思われる。そしてこの感情(情熱 passion)は、単純な論理性を超越して、奪う愛をそのまま財産の無償譲渡へと反転せしめる体のものであった。

有島の自殺の四年後、芥川龍之介は「将来に対するぼんやりとした不安」に苛まれて自殺した。芥川の憂慮には当時台頭してきたプロレタリア文学陣営からの攻撃が影響していた。芸術至上主義的な彼は、この陣営からブルジョワジーの作家として批判されていたのである。

さらにその二一年後に太宰治が自殺する。彼は学生時代に共産党のシンパ運動に参加しており、資産家の息子でありつつも無産階級への同情心をもっていた。そして最後は女と心中して果てた。この点で彼は、私淑する芥川よりも、疎遠な有島に似ていると言われる。

これらすべての人の対極にあるのが志賀直哉である。『暗夜行路』という作品が示しているように、彼に全く苦悩がなかったわけではない。しかし太宰が痛烈に指摘した通り、彼には貧しい人や弱者への愛情というものが欠如している。強さとか健康を無闇に誇るのは幼児性の表れでしかない。この点を顧慮するとやはり太宰の方に軍配を上げざるをえないのである。実際、文学的評価でも大衆の人気でも太宰は志賀に対して大差をつけている。この差は太宰の死後、徐々に開き始めたものであった。

5 人間的現実と文学

以上、三人の作家を中心として文学的人間観について考察してきた。既述のように文学（小説）は哲学と違って人間の本質に関する普遍的定義を下さない。それは、ただ物語を作って、人間の本質を暗示しようとするだけである。哲学の方法と文学のそれのどちらが人間の核心を突くものかは一概に言えない。どちらの方法にも長所と欠点があるからである。哲学は体系的な論述の体裁を取り、緻密な論理を展開するので、人間の普遍的本質を定式化する技能において秀でていると言えるが、具体的な生活的経験の個別相から垣間見られる人間の本性みたいなものを把握する力は弱い。哲学的人間学は諸科学の成果も取り入れて、人間を多角的視点から考察し、その本質をシステム論的に明らかにしようとするが、その手法では捕らえ逃がすものがたしかにあるのだ。

我々各人が自らの人生行路において出会う出来事はすべて流動的でダイナミックな個別的性質をもっている。つまり、それらのほとんどは予期できない創発現象である。もちろん、現実というものには予期でき法則化可能な側面も多々ある。それらは科学や哲学が定式化してくれる。しかし、「他ならぬこの私」の一回限りの人生の意味を考えようとする者は、そうした定式化には飽き足らず、文学作品、特に小説のもつ暗示の力にすがるのである。このように、人間的現実の個別相を捉えるという点で文学は優れている。しかし明確な定義や客観的実証性という点では極めて弱い。だから、「しょせん文学」と言われるのである。

ちなみに、この揶揄的表現は哲学の一部に対しても使われる。哲学者の中には文学を好むものがけっこういる。そして、その趣味が高じた場合、叙述が学問的というよりは文学的方向に流れることがある。たとえば、ハイデガーという哲学者はもともと厳密な体系的叙述を身上としていたが、そのうちヘルダーリンという詩人に傾倒して、叙述が段々詩的になっていった。彼の主著『存在と時間』は、厳密な概念規定がなされた専門用語による体系的叙述で構成され、その読解には詩的想像力は要求されない。つまり、誰でも緻密に読めば客観的理解に至る学問性をもっているのである。ところが、後期の彼の諸著作は、詩的で文学的な表現が多く見られるようになり、同時に学問性と体系性が影を潜めてしまった。これは、「厳密な学問としての哲学」を標榜した彼の師フッサールから見れば、遺憾の極みである。実際、あるフッサール研究者は後期のハイデガーを「しょせん文学」と評していた。

しかし、いわゆる厳密な学問には人生を語る力がない。なぜなら、もともとそういうものを対象にしないことを信条としているからである。これは科学者の人間観にも当てはまる。生物学者や脳科学者が人間の本質について語る傾向は近年ますます高まってきているが、彼らは基本となる人間の自然科学的定義を済ますと途端に哲学や文学に助けを求める。つまり、一方で堅固な自然科学の客観的人間理解があり、他方でそれを補うものとして哲学的人間観や文学的人生論がある、という体裁になっているのである。しかし、この両者は有機的につながっていない。つまり、つぎはぎにしかなっていないのである。

現実、特に人間的現実は非線形的創発現象に満ちており、それを概念規定や論理や法則化によって固定化して捉えることはできない。人間的現実ないし人生の出来事は、プロセス的流動性が強く、体系化や実証的客観化の網にかかりにくいのである。だから、文学（小説）は物語を作って暗示するという手法で、現実の模造を構築しようとするのである。そこには、読者に訴えかけるための様々の技巧と方策がある。

また小説には物語性がなく散文詩に近いようなものもある。たとえば日本の短編小説には自らの心境を透徹した文体で綴ったものが多いが、人間の本質に関して長編小説に劣らない示唆力がある。物語性がないだけ「示唆」や「暗示」という点で強いのである。この点はさらに詩、特に象徴詩において強くなる。前章で取り上げた梶井や芥川もフランスの象徴詩から強い影響を受けている。芥川が「人生は一行のボオドレエルにも若かない」と言ったことは有名である。

ところで、前述のように芥川は初期から人間のエゴイズムを主題としている。エゴイズムが偽善と深く関係しているのは周知のことであろう。文学作品にはエゴイズムと偽善を主題としたものが洋の東西を問わず多い。本章でもそれについて少し触れたが、次章では哲学の観点も顧慮して、敷衍的に論じることにしよう。

参考文献

（1）太宰治『人間失格　グッド・バイ』岩波文庫、一九九〇年
（2）太宰治『津軽』新潮文庫、二〇〇七年
（3）太宰治『斜陽』新潮文庫、一九八六年
（4）『新潮日本文学アルバム　太宰治』新潮社、一九八五年
（5）志賀直哉「太宰治の死」（〈志賀直哉全集〉第八巻、岩波書店、一九九九年）
（6）志賀直哉『小僧の神様・城の崎にて』新潮文庫、二〇〇七年
（7）有島武郎『惜しみなく愛は奪う——有島武郎評論集』新潮文庫、二〇〇〇年
（8）有島武郎『或る女』新潮文庫、二〇〇七年
（9）『新潮日本文学アルバム　有島武郎』新潮社、一九八四年

第8章　偽善の研究

はじめに

倫理学は善の本質を研究する学問である。それは普遍的な道徳法則を定式化することによって善なる生や行為を基礎づけようとする。しかし、実際の善なる行為は単なる理論的定式化や概念把握を超えている。つまり、現実に善なる行為を実践しなければならないのである。それは場合によっては命がけの振る舞いとなる。

学問と現実の生活、あるいは理論と実践は相互に補い合う関係にある。それゆえ、善の本質に関する学問的で理論的な研究は、現実生活における善の実践によって否定的に媒介される必要がある。その際、着目されるべきなのが「善」に影のように付きまとう「偽善」という現象である。

善の本質に関する研究は数多《あまた》存在するが、偽善に関するものは稀である。また、悪は裁けるが、偽善は裁けないという事情もある。このことは気づかれにくいが重要である。法律は悪を裁くためにあるが、偽善はその網の目をかいくぐってのさばり続けるのである。そして、たちの悪い権力を行使したりする。ただし、単に「たちが悪い」だけでは法律によって裁けないのである。

偽善はまた道徳や倫理の網の目をすり抜ける傾向をもっている。そして、場合によっては道徳や倫理が偽善を助長することがある。言うまでもなく「偽善」とは自称善人が無意識裡にしてしまう行為である。前章でも指摘したように、自称善人には驕りがあり、自らの落ち度に無頓着すぎるからである。つまり、悪いのは常に他人であると考え、自分に対する懐疑が全くないのである。特に、他人に咎められず、悩みのない仁康馬鹿の生活を満喫している場合、そうなりがちである。

偽善はまたエゴイズムと関係している。ただしエゴイズムと個人主義を混同してはならない。孤独を愛する人々は決してエゴイストではない。むしろ孤独に耐えられずに集団行動を偏愛する俗物にエゴイストと偽善者が多い。この場合、特にその偽善性が際立つ。この偽善性は、孤立した人物を標的にし、多数派の論理によって迫害するのである。それは子供の世界における苛《いじ》めから大人の世界における格差・差別にまで及んでいる。

偽善を主題としてきたのは、哲学や倫理学よりもむしろ文学である。またモラリストと呼ばれる人たちのエッセイにもそれに関する鋭い考察が綴られている。しかし偽善の倫理学というものはたしかに成立可能だし、普遍的な偽善の定義を下すのはやはり理論的考察だと思う。そこで、本章ではその可能性を期して、偽善に関する基礎的考察を企てることにする。

1　財産放棄は偽善か？

偽善者の特徴として自らが偽善者であるという自覚がほとんどないことが挙げられる。あるいは自分に悪の要素がないという思い込みがある。つまりエゴイストになりきって、一度も自分を疑ったことがないのである。これは本人の資質によるところが大きい。品格に難があるとも言える。

有島武郎は自分が偽善者であると明言していた。それがまた周りの反感を買っていた。第四階級の人々のために財産放棄しつつも自らを偽善者と呼ぶ、その姿勢が下衆な輩にとっては鼻持ちならないのである。

たとえば、同世代の作家・近松秋江は「好いお道楽――有島武郎氏の財産放棄について――」（大正一一年）という小文において有島の行為を揶揄している。近松は、有島が所有財産から五〇万円（現在の貨幣価値に換算すると数十億円）相当の土地を労働者たちに無償で付与したことは立派だが、邸宅まで放棄して借家住まいしようとする姿勢は厭味としか受け取れない、という率直な感慨を吐露している。それはあまりにセンチメンタルな行為だと言うのである。近松は有島と違って私有財産否定という思想に全く価値を認めない。彼によれば、私有財産制度があるがゆえに人間は本来嫌なはずの労働に精を出すのである。そして、人生の目的は労働ではなくて、遊びや趣味にあるとはっきり主張する。これは無産と労働を否定して有産と徒食を称揚することを意味する。

近松は貧乏作家であった。財産もないし、作家としての収入も低く、長い間宿屋暮らしをしていた。このような彼からすると、有島の邸宅放棄は嫌味たらしい偽善にしか見えないのである。彼は、有島は長年裕福な生活を満喫したからこそ、そのような行為ができたのであり、自分のように貧しい境涯にあったら、そのような英雄的行為などする気にもならなかったであろう、と推測している。

たしかに財産放棄は有産者だけができる特権行為である。しかし、それだけであろうか。ほとんどの有産者は大正でも平成でも財産放棄などしない。やはり本人の品格が問題なのである。近松は、有島の理想主義的人生観に対して自分の人生哲学が凡庸通俗なものである、と図らずも洩らしている。

偽善の本質を考える際、近松と有島の対比は非常に示唆的である。いったいどちらが偽善者の名に価するのであろうか、ということは一考の価値があるのだ。

まず、近松の論調で気になるのは有島の姿勢を「センチメンタル」と呼ぶ点である。これは下衆な輩が正義漢や慈善家に対してよく使う形容句である。言うまでもなく、下衆な輩は無産と有産、貧乏と裕福に分け隔てなく存在する。金持ちが貧乏な慈善家の行為を嘲笑うのはテレビドラマや小説の世界だけではなく、現実の世界にも満ち溢れていることである。前章で挙げた志賀直哉もその傾向をもっている。それゆえ、センチメンタルかどうかということはあまり重要ではない。むしろ、その点に着目し、それをもって有島を批判しようとする近松の姿勢の方が問題である。この点は、有産と徒食に人生の価値を見出し、自らの人生観が卑俗であることを告白する彼の品性と合わせて考えると、より明瞭となる。ある人の行為や思想を「センチメンタル」と呼ぶ姿勢は、実は自己のエゴイズムに目を向けようとしない「無神経さ」を表している。優柔不断な自己批判などには目もくれず、自分の自然的欲望を大胆に認める姿勢こそ男の生き様だというわけである。それは自らの偽善性を覆い隠す蓑となる。

近松が有産者だったとしたら、はたして有島のように財産放棄したであろうか。彼の人生観や価値観を顧慮すると、それはありえないと推測される。近松は志賀と同様に品性が下劣なのである。それは裕福・貧乏を問わない。

もちろん有島も完全人ではなく、多くの欠点をもっている。しかし自らを偽善者と呼ぶ点で、彼は非偽善者であるための第一の関門を潜り抜けている。本物の偽善には常に野放図な自己肯定が付きまとっているからである。

2 世知と老獪

正義漢や慈善家を偽善者呼ばわりする姿勢は、自然的欲望に対する無批判な愛着から生じる。我々人間は高度の社会的な知性をもった動物であると同時に自然的欲求によって動かされる粗野な側面ももっている。自然状態の動物の行動には基本的に善も悪もない。そこには生存を維持するための本能的行動があるのみで、事の善悪を弁別する視点はない。では、人間と他の動物の間には断絶があり、前者の道徳性は後者を全く超越したもの、つまり超自然性によって裏打ちされているのであろうか。人間の超動物性や超自然的神聖さを主張する思想は古来多数存在した。現代人のほとんども人間に超動物的道徳性を認めている。進化生物学の教え通りに人間が類人猿と近縁関係にあり、基本的に他の動物と同様の自然的生物であることを理解しつつも、やはり動物的行為は見下されるのである。

それでは偽善は、この関連においてどこに位置づけられるであろうか。「ふり」や「見せかけ」は知能の進化を示す生物の行動特性である。つまり、死んだふりや見かけの友好的行動によって動物は身を守ったり、私腹を肥やしたりするのである。人間の行動特性としての偽善も基本的にはこうした野生的な生存維持行動の延長上にある。しかし、人間は高度の社会性と言語的反省能力による価値観をもっているので、自己や他者の行動に善・悪というレッテルを貼ることに慣れ親しみすぎ、それに敏感になっている。ここが自然的動物と違うところである。つまり、動物にはふりや見せかけはあっても、善・悪という価値指標がないので、自らの行為を善という虚飾によって補うことがないのである。たとえば、カッコウの托卵行為は本能的なものであって、人間に見られるような理性の狡知による偽善とは質的に違う。擬人化的次元において、カッコウの托卵行為は悪とみなすことはできるが、偽善とみなすことはできない。もちろん人間とカッコウでは生存システムが異なるので、単純に悪とみなすことすらできないが。

人間のなす偽善は、善と悪を見極めた上で老獪に周囲の批判をすり抜ける見せかけ行動の技術によって裏打ちされている。しかしこの場合、善と悪の見極めは深い道徳性や良心の声に従ったものではなくて、世知と打算によってなされる品性下劣なものである。「老獪」という表現はまさにこの点で生きてくる。多くの正義漢や慈善家、あるいはもっと一般的に言って、いわゆる良心的な人々は、少年的純真さを維持している者が多い。それに対して、彼らを偽善者と揶揄する人々は世知に長けたずる賢さに満ちている。しかし世渡り上手なので、悪《わる》ぶることによって逆に周囲の人望を集めたりする。一般に、正義漢や慈善家は「真面目すぎる」「彼に接すると疲れる」という印象を周囲に与えがちである。それに対して、彼らを偽善者呼ばわりしてからかう俗物たちは、そのような印象を与えないようにする機知に溢れている。まさに「老獪」である。

前節で取り上げた近松は残念ながらこの老獪臭に満ちている。それに対して有島は純情で世間知らずな印象が強い。有島は自然を愛し、その観点から知性的行動の上に本能的行動を置いた。しかし農業経済学と社会主義思想に通じていた彼は、自然的欲望を野放図に認めることなどなかったし、貧乏な人々に対して生涯同情心をもち続けた。この点から学ぶべきものは多い。その際、自然への愛着と慈善的行為の接点に眼を向けることが肝要である。

3　唯物論批判という偽善

西洋には自然を精神と対立させて捉える伝統がある。よく東洋ではその対立はないと言われるが、唯物論ないし物質主義に対する反発は西洋をはるかに凌いでいる。西洋でも東洋でも、やはり物質的自然と超物質的精神という対置図式が人々の思考の根底に横たわっているのである。

本書で何度も指摘したように、たしかに自然は機械的物質系に尽きるものではなく、生命的自己組織性を有するものとして精神性をも包摂している。しかし基本的事実は、やはりそれが物質から成っているということである。物質には意志も主観性も目的もない。こうしたものが人間的精神性と相容れるわけがないのである。

文学者や哲学者や宗教家の中には唯物論を嫌う人が多い。彼らは唯物論や物質主義を批判することが善であり正義であると思い込んでいる。他方、科学者の中には唯物論的自然観を信奉しつつも非物質的精神世界を別のところに温存している人がけっこういる。どちらとも人間的精神性には物質主義的思考法を適用できないと考える点では同じである。

人文系と自然科学系双方に蔓延しているこの思考法は二元論と呼ばれるのが慣わしである。それは何もデカルトに由来する世界観ではなくて人間に普遍的な感情である。ただしデカルトの思考法は二元論の落し穴を知るための絶好の例ではある。

二元論の考え方では、人間的精神性は物質的世界を超越したものとして理解される。そこで善なる行為は生理的因果性に拘束されないものとみなされる。善なる行為の主体は言うまでもなく我々各人の「私」であるが、この「私」は物質的自然界の因果連関を超越した唯一無比のものとして捉えられる。「私」を「私」たらしめているのは脳の神経活動ではないし、「私」の生命活動を維持せしめているのは遺伝子の働きではない、というわけである。ただ私が自分の意識活動を自覚するときにのみ、私の本質と存在は捉えられる、というふうにデカルトに代表される二元論者は考える。

「最初に意識がある。つまり考える私の疑いえない自覚作用がある」という考え方は、実は自己中心性（エゴイズム）を意味している。それゆえ、それは他者や自然の理解に悪影響を及ぼす。それどころか、ご自慢の自己存在の把握をも腐らせてしまうのである。

考える私の意識、つまり主観性を中心にもってくると、存在というものが「自己の〈所有〉」に貶められる。その傾向は、最も確実な自己存在の把握から始まって、他者の存在ないし心の理解から社会的ならびに自然的公共世界へと拡張される。デカルトは、客観的物質世界の実在性を最終的にはコギト（意識する私）の確認作用から解き放って神の創造行為に帰したが、それもまた人間的主観性の神格化という印象を拭えないのである。なぜ擬人化的神なのか。自然の自己組織性でよいではないか。

意識は離れているものを結びつけ、対象を一つのものに取りまとめる力をもっている。それゆえ、その手にかかるとすべてが自己の「所有」に帰せられてしまうのである。そして、その力を過信する二元論者や精神主義者は、物質主義を批判することが正義であると思い込む。つまり、人間的精神性を物質の汚濁から解放することが、その神聖さを保つことにつながると考えるのである。これは二つの点で根本的に間違っている。まず、それは人間的精神性を個人の所有に貶め私物化するという点。次に、自然の恩恵によって生かされて生きているという自我の生命的存在根拠を見逃すという点である。

筆者は本書においてこれまで何度も素朴な唯物論を批判してきたが、野放図な精神主義者に対しては便宜上、物質の重要性を再確認することを推奨する。なぜなら無機的な物質は「私の〈所有〉」というものからは縁遠いもの、それに対してよそよそしいものであって、そうした性質のゆえに逆に私の意識中心主義と所有主義に歯止めをかけてくれるからである。私の意識は脳の神経活動が基盤なって生じるものだし、私の生命は細胞核内の遺伝子の活動に基礎を置いている、ということは意識中心主義からは見えてこない。しかし、それをあえて認めることが自己の所有主義、つまりエゴイズムを乗り越えることを可能にするのである。

私の意識は、私の意識によって確認されない物質的自然の働きによって可能となっている、という事実を認めることは、ある意味で私有財産制度を否定することに似ている。コギトの立場も私有財産制度も所有の私物化という点では共通しており、自然の生命性から逸脱しているからである。

ここで再び唯物論を否定する自然の生命性の思想に戻った。本書の意図は二元論と唯物論の双方を乗り越えて、自己と自然の生命的調和を目指すことにあるが、本節ではあえて精神主義者や二元論者に物質を軽視しないよう忠告した。唯物論を否定するということは何も物質そのものを否定することではないのである。物質は自然的世界ならびに人間的経験の重要な一契機である。人間的経験にはもちろん意識活動も含まれるが、この活動にすら物質は食い込んでいる。それを素直に認めることが、人間の心の「自然」というものを的確に把握することにつながるのである。そして同時に不自然な「偽善」というものを排除することにも。

4　他人に行動を強制することの恐怖

以上、一見正義に思える唯物論批判に偽善が巣食っていることを説明した。とかく偽善は「自分の意思と行動は正しい」という思い込みから生じやすい。さらに、その思い込みが他人に対する行動の強要につながると手に負えなくなる。それは偽善の極致である。

他人に対する行動の強制は、党派化した集団で生じやすい。代表的なのは宗教のセクトである。キリスト教やイスラム教や仏教といった世界的宗教の一部が、背教者や異端者や被差別民を弾圧してきたのは隠しようのない歴史的事実である。これらの弾圧は、まさに自称正義の観点からなされたものとして偽善の本質を余すところなく体現している。この傾向は近年のカルト教団おいて先鋭化され、その思想弾圧と行動強制は目に余るところがある。これらの集団すべてに共通する点は他者ないし第三者からの批判を全く顧慮しないという点である。あるいは、もっとずる賢い方策として、「他者の批判に開かれていることをモットーとする」などと詐称する場合がある。これは偽善を二乗したようなものであり、最もたちが悪い。

宗教のセクトがもつこうした傾向は政治や社会運動の一派にも見られる。我が国で一九六〇年から七〇年代にかけて流行した学生運動は、一見正義感からなされているように見えるが、その内実は反抗期の延長のようなものであり、しっかりとした社会科学的観点や隣人愛に満ちた共生思想からは程遠いものであった。とにかく、革命まがいのことがしたかったのである。そのためには手段を選ばないし犠牲も厭わないというわけである。もちろん、腐敗した政治や因習化した社会制度を見直し、さらには打破しようとする観点は重要である。しかし、それも他人の承諾を得た上でなされるべきものである。慎重に慎重を期さなければならないのである。

筆者が大学生であった八〇年代前半には学生運動の余波としてのマルクス主義的思想が残っていた。それを信奉する学生たちの多くは、比較的裕福な家庭の子弟であり、興味本位にマルクス主義に傾倒していた。彼らのほとんどが性格類型学的に言うと外向的で、個人の内面性よりは集団的行動を重視していた。しかし、それも知的熟慮の上でのものではなく、粗野な俗物的観点から生じた姿勢であった。はっきり言ってガサツである。有島のような繊細な共生思想などない。志賀や近松のように品性下劣なのである。

真の社会性や共生思想に目覚めるためには、有島や太宰のような繊細な内面性が必要である。ただしこの内面性は、精神主義者や二元論者が主張する非物質的次元とは何の関係もない。そのような独我論的内面性ではなくて、他者へと開かれ隣人愛に満ちた社会的内面性なのである（この場合、内面性は良心とほぼ同じ意味になる)。ちなみに有島と太宰には病的傾向があったが、それとても内面的誠実さの陰影と受け取れる。自己の在り方に不安を感じるからこそ、生死の際まで誠実さを押し通すことができたのである。もちろん誰もがそこまで自分を追い詰める必要はない。ただ悩みのない健康馬鹿に堕落しないよう、自己に配慮していればよいのである。

外向的で粗野な人たちはとかく他人に行動を強要しがちである。内省による歯止めがきかないからである。自分の意思と行動が正しいかどうかは決して自明ではない。また、仮に明らかに正しいと思えても、行動の要請は自分に対してなされるべきものであって、他人にはただ勧めるのが穏当である。善なる行為とは「自分が正しいと思ったことを自分の責任で行い。決して他人にそれを押し付けない」ということである。また「自分の責任で正義を実践する場合にも、他人の迷惑を十分顧慮する」ということである。それに対して偽善は「自分が正しいと考えることは他人も正しいと考えるはずだ、という粗野な思い込みから生じ、しかも他人に対する行動の強要に躊躇を感じない」という点を特徴とする。「馬鹿が馬鹿で手に負えないのは、彼にはその自覚の欠片もないからである」という格言があるが、これはそのまま偽善者に当てはまる。

我々はみな多かれ少なかれ悪に手を染める可能性をもっている。それは刑罰に値するものから単に道徳心を咎められるものまで多種多様である。また同時に我々はいつのまにか偽善を行ってしまう可能性ももっている。そのたちの悪さにもまた大小があるが、他人に行動を強制するかどうかによって許されるものとそうでないものに分かれる。もちろん、他人に行動を強制することを伴わない偽善ならすべて許される、ということはない。しかし、特定の他人や地域を蔑視したりすることは自然な感情の一種であって、それが内面に押しとどめられるならほとんど害はないのである。むしろ引きこもりや個人主義を頭ごなしに悪とみなして、それに属す者に集団行動を強制することの方がはるかに危険である。近年の小中学校における苛《いじ》めや成人の世界における精神障害者への偏見、あるいは最近は減ったがかつて蔓延《はびこ》っていた人種差別などは、すべてこうした傾向を体現している。それらは偽善の特徴を余すところなく伝えている。

なお、かつて偽善と呼ばれていたものが、道徳観の変化によって悪とみなされるようになり、法律の改正によって犯罪として扱われるようになることがある。この意味でも常に偽善に対して目を光らせ、自分の在り方を反省することが必要だと言える。

5　モラルなき倫理

我々は悪を批判し裁くことには慣れているが、偽善の本質を考察することに関してはけっこう怠慢である。あるいは、偽善の本質を見誤っている。それについては本章において多角的に論じた。繰り返すが、我々はいつのまにか偽善に手を染めているのである。しかし、悪のように明確に批判されないので、その行為をいつまでも続けてしまうことがしばしばある。特に多数派に属し、円満な人間関係を築いている場合そうなりがちである。人間というものは他人からの批判がないと自分が正しいと思ってしまうのである。そこで生じてくるのがモラル（道徳）なき倫理という姿勢である。

倫理とモラルは普通明確に区別されないままに理解されがちだが、厳密には意味が違う。倫理とは集団に適応することを前提とした善なる生き方を示唆する概念である。それに対して、モラルは個人の内面的良心に呼応した善なる行為を意味する。もちろん、純粋な内面性というものはなく、個人の行動はすべて社会的人間関係の中でなされるものだが、それに流されることなく内面的誠実さを発揮することを求めるのがモラルなのである。

倫理とモラル、つまり人間関係における規範と個人の内面的誠実さは相補的なものであって、善なる生き方の実現には両契機の協力が必須である。しかし、現実には片方に偏る場合が少なからずある。特に外向的で楽天的な場合、人間関係の円満さとか多数派への所属を人生の目標としがちとなり、モラルの比重が下がった倫理的態度を生じやすい。そして、このモラルなき倫理が偽善の温床となるのである。もちろん、内向的な人がモラルに偏重する場合もあるが、その姿勢が生み出す偽善性の度合いは低い。せいぜい独りよがりの正義感と揶揄されるぐらいである。それに対して、モラルなき倫理の陣営は他人に対して行動を強制する傾向が強く、少数派や弱者の迫害を生み出しやすい。そして多数派の恩恵として権力を得る。

この傾向こそ「批判されにくく、悪のように裁かれにくい」という偽善の本質を象徴している。本章で挙げたいくつかの例はそれを示めしている。我々はこのことを銘記して、隠れた社会悪としての偽善を見つけ出し、それを批判する姿勢を身につけていかなければならないのである。

参考文献

（1）〈有島武郎全集〉別巻、筑摩書房、一九八八年
（2）高橋貞樹『被差別部落一千年史』岩波文庫、二〇〇六年

第9章　哲学的人間学の方法

はじめに

本書では第Ⅰ部において心と生命と自然という三つの観点から哲学的に人間の本質を論じ、第Ⅱ部では文学的観点を取り入れて考察を深めた。哲学と文学では人間の本質へのアプローチの仕方に相違がある。また科学におけるそれはさらに違ったものとなる。しかし相違だけではない。共通点もあるのだ。そこで本最終章では、これまでの考察を踏まえて、かつこれからの展望も携えつつ、人間の本質を考察するための方法論を提示しようと思う。

人間の本質への問いは万人に共通のものであるが、それを研究するための方法論の考察は意外となおざりにされている。文学はあまりに暗示や象徴に走っているし、科学は実証性に取り憑かれて法則化の方向に流れている。どちらもリアリティを求めているのだが、統一的観点を確立することはできないままとなっている。そこで方法論の彫琢と確立が求められるのである。

哲学は元来学問論という使命をもっており、個別科学の方法的基礎を吟味しつつ、真の知の在り方を探究することを課題としている。それはまた人間の本質を問い、善なる生き方を探究するという側面ももっている。哲学的人間学は、この二つの側面の融合からなるものである。筆者は、その方法に関する試論をここに提示しようと思うのである。

考察は哲学的人間学の方法から哲学そのものの方法へと連なっていく。

1　科学を参照する

哲学的人間学を構築するためには、とりあえずそれに関する過去の文献をよく読み、それを咀嚼《そしゃく》した上で自分の考えを展開すればよい。しかし、哲学の教科書によく見られるような、過去の代表的哲学者の概説にとどまるものは、質が高いとは言えない。つまり、単に哲学的人間学の思想史を展開したものは、事象そのもの、問題そのものを解明しようとする意気込みに欠け、人間の本質には届かないのである。

人間の本質を考えようとするなら、単に先行する思想や理論を踏襲したり整理したりしているだけでは駄目で、自ら人間的現実を直視し、そこから問題を見出し、事象に即す形で理論を形成してゆかなければならない。そこで参照されるべきなのが個別科学の成果なのである。特に人間の本質に関する経験的データは役に立つ。

(a) 心の問題をめぐる哲学と科学の対話

人間の本質を理解するためには、その心と生命と物質組成を理解しなければならない。心に関しては既に長い間の哲学的研究があり、それを参照することができる。しかし、それは過去の色あせた理論であるために、思索家が自ら直面する現実にそぐわないことが間々ある。また、哲学の研究は概念分析によるものが多く、観念化の方向に流れやすいので、日常直接出会われる人間的現象としての心の問題を十分捉えることができない嫌いがある。それに対して、心理学や精神医学や認知科学が提供してくれる経験的データは、人間の心を具体化して理解する際、大変役立つ。もちろん、概念分析や内省による思索も重要である。しかし、現実を遊離した観念構築だけでは人間的現実はもちろん、人間の本質の理念にもとどかないのである。

現在、個別科学として活躍している心理学や認知科学はもともと哲学の一分野であった。今日「哲学」と呼ばれるものは狭義のそれであって、かなり形骸化している。本来的哲学活動は、自分の下を離れていった個別科学の成果を積極的に参照しようとするものである。それに対して、非本来的哲学は自らの専門領域に閉じこもり、現実的効用を無視して、観念的思索と過去の思想の道楽的解釈に身をやつしている。これは科学コンプレックスの裏返しでもある。

近代以降、個別科学が順次哲学から独立いくにつれ、哲学は物質的自然界や日常的経験世界から遠ざかり、人間の内面性に定位するようになった。意識や自我を主題とする傾向が強まったのはこのためである。そして、研究法は超越論的なもの（つまり経験に先立ちそれを可能ならしめるような原理）に基礎を置くようになり、経験的心理学と対立する破目になった。もちろん、社会的現実や経験的データを重視する流派もけっこうあった。この流れの中で注目すべきなのは、今日の英米の心の哲学のグループである。

現代英米の心の哲学は別名認知神経哲学と呼ばれ、認知科学や神経科学、つまり脳科学が提供する経験的データを積極的に参照しつつ理論を構築する。中には、自ら実験に参加する科学者の職を兼ねる者すらいる。英米の哲学は伝統的に経験主義的で、哲学と科学の間に無益な柵を設けないのである。特に、アメリカのプラグマティズム（実用主義、道具主義）は哲学の現実的効用を重視する。その創始者の一人ウィリアム・ジェームズは、もともと医学の出身で生理学に詳しく、心理学で一大業績を上げた。彼は、今日の言葉で言う脳科学に精通しており、それに基づいて心理学を構築し、さらにその限界を見極めて心の形而上学を構想したのである。それは哲学の理想型を示している。また、彼は人生の苦悩について具体的真理を語る哲学を称揚する。ただし、この点に関して彼は内向的で神秘主義への志向が少しある。それに対して、同じプラグマティズムに属すデューイやミードは社会的現実に強い興味をもち、その中での人間の心について深く考えた。デューイは教育学に多大な功績を遺し、ミードは社会心理学の重鎮となった。二人は哲学者として個別科学に関わったのだが、それだけではない。具体的実践にも参与したのである。たとえば、デューイは実験学校を作って、そこで教育哲学を実践した。これは心の哲学の具体化の一例として受け取れる。

心の哲学と経験科学の関係を論じる際に注目されるべきもう一つの分野は精神医学である。哲学と精神医学の交流は特に独仏の現象学と精神病理学の間でなされた。現象学は基本的に超越論的意識哲学という方法を取るが、これが精神病患者の体験世界の理解に応用されたのである。その際、精神病者が直接体験する自己と世界の様相はいかなるものであるのか、ということが懸案であった。精神医学は臨床医学の一分野として患者の身体病理から症状の発現を捉えようとするものなのだが、その物質科学的客観化の手法ではそれが分からなかったのである。そこで、精神医学の一分野たる精神病理学は、現象学の主観性把握の超越論的方法（フッサール）に助けを求め、さらに患者の世界内存在（ハイデガー）と身体性（メルロ＝ポンティ）の理解によってそれを深めようとしたのである。

精神医学は大まかに言って生物学的精神医学と精神病理学の二分野から成っている。生物学的精神医学とは要するに脳の病理に定位したもので、他の身体医学の分野と共通点をもっている。それに対して精神病理学は簡単に言うと心理学みたいなもので、患者の心的世界と精神症状の発現の研究に従事している。これをきめ細かくするために超越論的現象学に助けを求めたのである。しかし、その効用には限界があり、基本的に脳の機能的疾患たる精神病の中核群の成因の解明には寄与できず、治療にも決定打を下せなかった。

それに対して今日のアメリカの神経哲学では生物学的精神医学の方を重視し、その方向で臨床の現場に寄与しようとしている。筆者は、世界内存在の現象学と神経哲学の両方を習得しており、両者を融合する観点から精神医学の基礎論を展開した。そして、その影響は精神医学を超えて身体医学の一分野たるリハビリテーション医学に及んでいる。今日その分野の最先端をいく認知行動療法のグループにおいては、患者の主観的意識体験と神経システム再建の相関性、そして患者と治療者の身体経験の共有が研究の中核をなしているのである。筆者にそれに寄与したのは、ひとえに現象学ないし現存在分析と神経哲学の双方を習得していたからである。そして、その基礎には心身一如の思想があった。これは長い間の心身問題の研究によって出来上がったものであり、創発的マテリアリズムを核としている。

以上、長々と心の問題をめぐる哲学と科学の関係について論じたが、次に生命の問題に目を移してみよう。

(b) 生命の問題をめぐる哲学と科学の対話

心は生命と深く関係しており、近代以前の西洋哲学において両者は統一的に捉えられる傾向が優勢であった。この傾向はギリシア哲学の集大成者にして生物学の創始者たるアリストテレスの思想において顕著である。彼は心を身体の形相と考え、ほぼ生命原理と同等の地位をそれに与えた。彼の影響は長く続いたが、近代になると心を身体から切り離して理解する傾向が強くなり、それとともに生命との関連性が希薄となった。現代に生きる我々にも近代哲学的思考法は色濃く影を落とし、心と身体的生命は切り離して理解されがちとなっている。

デカルトに代表される近代哲学は基本的に精神と物質を対置・分離して二元論的に捉えるので、心と生命の融合点を見失うのである。近代主義はまた自然を機械的因果律に従う体系として捉え、それを人間的主観が対象化して意のままに操作しうると考える。これは、古代以来のアニミズムや自然有機体説の対極にあるもので、自然から生命性を剥奪する思想である。

二元論的思考法は人間の身体をも機械として捉え、その中に心的要素を全く認めない。それでは心はどこあるかというと、それは非物質的世界にということになる。デカルトの用語で言うと、身体は延長実体としての物体であり、心は思惟実体としての精神である、ということになる。それゆえ心と身体は別の存在領域に属し、両者は相互作用することはあっても、重なることはないのである。この二元論的原理こそ医学を古い神話的思考から解放し、それを大発展させたのだ、とよく言われる。たしかに、人間の身体を精霊が宿る神聖なものとして捉える因襲から解放して、純粋の機械として客観的に捉えたからこそ解剖学と生理学と病理学が劇的進化を遂げ、外科手術に躊躇を感じることがなくなった、と言えなくもない。しかしそれは、心を自然的生命から切り離して主観的意識の存在領域へと内面化する立場からの感想にすぎない。何も心を身体から切り離さなくても解剖学や外科手術の技法は進歩したのである。

有機一元論に立場からすると、心は自然的生命の一契機として身体に内在しているのである。それは、身体の解剖学的構造や生理学的機能と決して無縁のものではない。人間の生命維持にとって重要な器官、特に脳と心臓の働きは心の生成に深く関与している。それゆえ、それらの働きが停止すれば心も消滅するのである。

心はアリストテレスが言うように身体の形相であり、その秩序（システム形成）の源泉である。しかし、我々は心という氷山の頂点にある自覚的意識を中心にして「心」を捉える癖があるので、このことはなかなか理解できない。氷山の一角は一角でしかない。心は自覚的意識を超えて身体の無意識的生命活動まで延び広がっているのである。

二元論的思考法は現代科学の生命観にも痕跡を遺している。たとえば分子生物学における還元主義的生命理解はその傾向を体現している。前世紀の中盤にＤＮＡの分子構造が解明され、それがメッセンジャーＲＮＡを介してタンパク質のアミノ酸配列に翻訳されることが分かると、人間をはじめとする生物の生命活動はすべて機械的な物質過程であるというドグマが一世を風靡する破目になった。しかし、セントラル・ドグマと呼ばれるこの軽薄な思想はその後修正され、生態的要素が改めて生命活動の重要な契機として理解されるようになった。

現代の分子生物学の還元主義的ないし唯物論的生命観は、実は自然を機械として捉える二元論的思考法を生命理解の場に無批判に導入したがゆえに生じた紛い物なのである。還元主義ないし唯物論は、要素に還元できないシステムの全体的創発特性とか自然界の物理的プロセスに形相因や目的因が内在しているという思想を極端に嫌う。これはジャック・モノーとフランシス・クリックに顕著な傾向である。両者とも一世を風靡した還元主義的生物学者であるが、アニミズムや創発主義に対する嫌悪は群を抜いている。両者とも心の問題に関与したが、やはりそれを自然的生命から切り離す姿勢が濃厚であった。モノーはデカルトの二元論に加担して心を分子機械としての人間身体とは別次元に置き、クリックはそれを脳の神経活動に還元しようとした。これらの考え方は、二元論や唯物論だから間違っているというよりも、心と自然的生命の相即性を理解していないから低級なのである。

　還元主義的生命観の背後には実は心を物質とは別の次元に匿おうとする悪しき存在論が存している。それは心を消去しようとする場合にも当てはまる。身体の生理的システムや自然界の物理的プロセスに有機的原理としての心的生命が内在していることを看取できないから、心を自覚的意識や感情や思考に限定して捉え、それを機械的物質世界の対極に置くのである。そこで要求されるのが「心」そのものの概念変換ということになる。これは簡単なようで恐ろしく難しい。たとえば、アリストテレスの言う「植物の心」を現代人は矛盾概念としか受け取れない。これこそ心身問題のアポリアの源泉なのである。しかし、心と生命の相即性というものならまだ理解しやすいであろう。ただし、その場合にも情感や意識的現象性に流されずに心というものを把握しなければならないのだが。

　生命の問題をめぐる哲学と科学の対話は、心と生命の自然的相即性を顧慮してなされるべきである。それはまた自然の根源を問うことにつながる。近代の二元論的思考から生じる機械論的自然観や現代の還元主義的発想によって捉えられる物質的自然の概念は、みな自然の生命的自己組織性というものを見失っている。自己組織性（self-organization）は生命の本質を構成する最も重要な契機の一つである。そして、それは創発（emergence）ということと深く関係している。心と生命の自然的相即性を根源的自然の次元に向けて問うことは、この自己組織性と創発という概念を基点にしてこそ可能となるのである。

(c) 自然の問題をめぐる哲学と科学の対話

周知のように西洋の哲学は今から二六〇〇年ほど前に古代ギリシアのイオニア地方において自然哲学として始まった。つまり、自然を構成する根本原理の探究からそれは始まったのである。最初に挙げられた根本原理の候補は水や土や火などの質料的なものであった。その後、数や知性やイデアといった形相的なものに関心が移っていった。古代ギリシア人にとって自然は「秩序をもった世界」（コスモス）だったのであり、その秩序の源泉を問いかけて哲学が生まれたのである。

自然の根本原理を質料的なものと形相的なものの融合として捉える視点は、後の時代の厳密な数学的物理学というものを生み出すきっかけとなった。つまり、自然は雑多な物質的素材とそれを秩序づける数学的形相の融合からなるのであり、その原理を人間の知能によって解明するのが数学的物理学をはじめとする自然科学なのである。

ちなみに自然の秩序には数学的原理によって捉えられるものとそうでないものがある。物理系の科学が対象とする自然現象の法則のほとんどは数学によって定式化可能である。しかし、生物や生命現象を対象にするとその原理は揺らいでくる。特に人間的生命現象となると複雑性が高度となり、法則化自体が難しくなる。数学的手法が適合しやすいのは複雑性や生命性が関わらない自然の機械的側面である。それは人工の機械を取り扱う工学的分野において最も効果を発揮する。それに対して、人間をはじめとする生物の生態的行動や複雑な病理現象となると別の手法が必要となる。

このように自然現象の科学的研究といっても数学的分析が主流となるものとそうでないものがある。それとはまた少し次元が異なるが、自然現象には還元主義的把握が容易なものとそうでないものがある。還元とは対象をその構成要素の分析から理解するための操作である。たとえば、ある分子がどういう要素的原子の結合から成るかを解明しようとする初等化学の手法は「還元」という操作の最も分かりやすい例である。人間がどういう分子や細胞や組織から出来ているかを解明する生物学的操作もまた還元的なものである。

還元は自然科学の基本的方法であって、これによって多くの成果が得られている。しかし、それによって捉えられないものが自然的対象にはたしかにある。それはシステムの全体的特性と呼ばれるものである。そして、この全体的特性は要素に対して創発という関係にある。創発とは、要素の加算からシステム全体の特性が導き出せないということを意味する。またそれは、要素の分析や要素の線形的加算からは予想できない新たな性質がシステムに現れるということを意味する。

この還元と創発の相克性は古くから哲学と科学において論じられてきた。「創発」という言葉に特別な存在論的意味が付与されたのは今から一世紀ほど前であるが、それに類する思想は古くから存在した。たとえば機械論的自然観と有機体的自然観の対立は還元と創発の方法的対立の前史として受け取れる。生命の本質をめぐる機械論と生気論の対立もそうである。また、人間の心と物質的身体の関係を問う心身問題の歴史も創発概念の発生を準備したと言える。今日の心脳問題において創発の概念が重要な位置を占めているのは周知のことである。

創発（emergence）の概念は、ロイド・モーガンが一九二三年に出版された『創発的進化（*Emergent Evolution*）』という本で初めて明確に定式化したものである。そこで彼は、おなじみの物質・生命・心という三階層をモデルとしてその概念について説明している。これによって、下位の階層なしには上位の階層が出現しえないとともに、上位の階層の特質は下位の要素から説明し尽くせないという「創発」の基本的意味が明確化された。心は生命に基づき、生命は物質に基づくが、それぞれ後者に還元できない新奇な特性をもつのである。

モーガンの姿勢は実在論的形而上学者サミュエル・アレクサンダーと並行していた。アレクサンダーはより視点が広く、宇宙全体が創発的原理に基づいて秩序の完成態へと進化するものと考えた。秩序の完成態のことを彼は神性（Deity）と呼んでいる。また、実在の根底をなすものを時―空（Space-Time）と規定している。これは、古代ギリシアに始まった自然の根本原理の問いへの決定的回答を意味する。

両者の思想を統合して壮大な自然哲学と宇宙論を展開したのがホワイトヘッドである。彼の思想において創発という概念は表立って出てこないが、その自然有機体説の基本をなしているのは創発主義的存在観である。彼は、デモクリトスの原子論的唯物論、ガリレイやニュートンの機械論的自然観、デカルトの心身二元論、近代哲学の主観主義（超越論的構成主義）のすべてを虚偽として廃棄する。それに対して彼が称揚するのはプラトンの形相的自然観とアリストテレスの目的論的自然観、ライプニッツのモナドロジーやジェームズの純粋経験の思想などである。こうした彼の志向は、人間と自然ないし心と自然の生命的相互浸透性の理解によって強く裏打ちされている。彼が万物の根源をジェームズの思想を改変して「経験の脈動《パルス》」と言うとき、主観と客観、精神と物質、心と自然といった因襲的対立相はすべて止揚されているのである。

今日、地球温暖化などの環境問題を通してますます自然概念の根本理解が求められている。自然は本来「それ自体においてあるもの」つまりピュシスとして人間の知力を超越している。特に人間の主観性を超えている。近代科学における自然の技術的制御・支配の傾向を人間主観による自然の客観的対象化とみなし、それを本来的自然ないし自然それ自体に対する冒涜と考える思想家もけっこういる。近代の機械論的自然観は還元主義的科学観と並行するものであって、目的論的自然観や複雑系における創発的振る舞いを不当に無視する。これが我々の思考を蝕み、自然の対象化を促進しているのである。それゆえ、自然の根本をめぐる哲学と科学の対話には心と生命の概念を取り入れた創発主義的見地が必要であり、それに基づいて自然と人間の関係を存在論的基礎次元から捉え返すことが要求される。幸いそうした意見は既に多方面から提出され、議論が進展してきている。

(d) 人間の問題をめぐる哲学と科学の対話

以上のように心・生命・自然という三契機を介して哲学と科学は対話することができる。我々に残された課題は、この三つの契機を綜合して人間の問題について考えることである。つまり、人間の心と生命と自然について哲学的視点と科学的視点をつき合わせて考えてみるのである。その際、人間を環境の中で生きる有機体として捉えることが基本となる。環境への関わりにおいて人間は自我を芽生えさせ、生命の意味を感得し、自然へと帰依するのである。ここには経験と自然の相即性が表れている。

自然科学は基本的に人間を物質的組成の側面から理解しようとするが、それだけではない。やはり生態的環境への関わりからそのダイナミックな存在様式を理解しようとする視点を保持しているのである。物質的組成から理解しようとする姿勢は還元主義の視点を表し、環境への関わりに注目する態度はシステム論的観点を示している。

たとえば、今日興隆を極めている脳科学が人間の心や意識を研究しようとする場合、それを脳の神経活動に還元しようとする姿勢と社会的コミュニケーション環境へと拡大して捉える態度は相補的なものとなっている。ところが、還元主義を強引に推し進めて唯脳論的になる研究者もけっこういる。このような傾向は心脳問題に関する哲学的熟考によって諫《いさ》められなければならない。

生命の問題に関しても同様である。人間的生命の意味を捉えるためには分子生物学の還元主義的方法だけでは埒が明かず、生態的環境や社会生活を顧慮する姿勢や人生の意味に関する人文学的考察も必要なのである。これらを綜合して理解するためにはシステム論的な科学哲学の視点が要求される。

二〇世紀の自然科学の特徴は、従来哲学が扱ってきた意識と生命の問題に大胆に取り組んだことである。これに関しては賛否両論がある。還元主義的な方法でそうした問題を取り扱うことには難があるというのが反対派の意見であり、そこには従来の思弁的で観念的な理解には見られない実証性があるというのが賛成派の意見である。この対立を調停するためには従来の心身二元論を乗り越えて、根源的自然主義の哲学を確立しなければならない。その際に重要な役割を果たすのが、前述の創発の概念に関する存在論的な考察なのである。

2　文学から学ぶ

自然科学的人間像は頑なものので個別的人間の現実を捉える力がない、という意見は多方面で聞かれる。人間がどういう細胞や分子から成り立っており、どういう生物進化の経路を通って現在の生命機能を獲得したのか、ということはたしかに重要だが、それは現実の個別的人生行路を歩む各人の生き方に何ら指針も教訓も与えてくれない、というわけである。では哲学はどうであろうか。哲学は自然科学とは違って還元主義的方法は取らないが、文学とも違って個別的人生行路に着目したりもしない。哲学は人間の本質に関する普遍的な定義を求める傾向が強く、その根本姿勢は文学と違って客観的、つまり学問的である。

科学も哲学も、そもそも客観的学問に個別的人間ないし人生のリアリティを捉える力などない点では同等である。それに対して文学は個別的人間の現実に真っ向から立ち向かおうとする。そこには分別臭い学問的態度の欠片もない。しかし、文学には別の意味での虚構性がある。それは、あらゆる小説に特徴的なフィクションという性格である。心境小説や私小説は作者の身の周りに起こったことがありのままに書かれているのでフィクション性が低いが、物語的小説は架空の人物による虚構の出来事の描写となる。もちろん、そこには人間的現実をリアルに描こうとする意図が存しており、個別性を捨象して普遍的法則性に至ろうとする学問的分別臭さはない。

我々各人が、人間の本質や人生の真実を問われたら、科学を全く無視はしないものの、何よりもまず自分が直接体験した事実を思い起こすのが定石であろう。科学的実証性や哲学的普遍性を重視する人といえども、個別的で流動的な人間的現実を捉えるのは各人の自己観察とそれを物語的に象徴化する文学的手法であることを認めるであろう。

個別的な人間の現実は非線形の創発現象に満ちている。そのほとんどは法則化に逆らうものである。それをありのままに捉え、その本質を象徴化して暗示するのが文学、特に小説である。我々は哲学的人間学を構築する際、ぜひ文学から個別的現実理解の方法を学ぶべきである。

3 現実を直視し事象そのものを取り扱う

人間の本質を解明するために哲学的人間学を構築しようとするなら、まず現実を直視し事象そのものを取り扱う、という姿勢を身につけなければならない。

現実を直視するということは、それを先入見なしにありのままに見るということである。また同時にそれは、伝統や権威を気にかけず、目の前の現実に関心を寄せるということを意味する。この場合の伝統や権威には歴史上の大哲学者の思想や文献、自然科学の公認された法則、研究上の先輩や指導者の意見、世間一般の常識的通念などがある。まず、過去の大哲学者の思想や文献は、哲学の基本概念や方法論の習得のためには役立つが、それを現下の問題に直接適用しようとする姿勢は知的怠慢以外の何物でもない。我々は基本的に過去の思想から哲学そのものを学ぶのではなくて、ただ哲学することを学ぶのみである。プラトンやカントやニーチェといった過去の哲学者は、彼らが生きた時代の価値観に応じ、彼ら自身が体験した人間的現実に照らして人間の本質を考えようとしたのである。もちろん偉大な哲学者が創り出した概念や思想には普遍性があり、それらは時代を超えて受け継がれる。しかし、現実を捉えるためには概念や思想だけでは不十分で、思索者の血肉の通った身体性、つまり情熱が必要である。これを欠いた思想はたいてい過去の遺物の焼き直しにすぎないものとなる。そこから学べることは少ない。

日本における哲学研究の在り方を見ると、過去の偉大な哲学者の文献を精読して、その思想を丹念に解釈するという客観主義的態度が主流をなしている。これはブランド信仰の一形態であり、現実を直視するという態度からは程遠い。過去の偉大な哲学者の著書を精読し、その思想を精確に解釈することはたしかに重要である。しかし、それは本来的哲学活動に至るための手段ではあっても目的ではない。我々は、自ら哲学するために過去の哲学者と対話するのであって、彼らに飲み込まれてはならないのである。それでは、どういう姿勢で過去の哲学者の思想に接すればよいのであろうか。

まず、一人の哲学者にあまりのめり込まず、その周辺にも目を配ることである。これは、その哲学者の先輩や後輩に当たる人の思想に配慮するとともに、関連する流派にも関心をもつことを意味する。また、できれば自分が好きな哲学者と敵対する反対派の意見にも目を配ってほしい。これは簡単そうで難しい。たいていの研究者や読者は、自分が好きな思想への反対意見には目をつぶりたがるものである。たとえば、独仏の現象学を研究している者の多くは、英米の分析哲学や心の哲学を無視したがる。また、宗教哲学や伝統的形而上学を専攻する者は、科学哲学を毛嫌いする。ドイツ観念論を研究する学者は、イギリス経験論を軽視する……等々。これらの例はすべて逆も成り立つ。

一人の哲学者に惚れ込むと、たいていその哲学者の思想解釈書を作って終わりとなる。巷に溢れる『カント研究』『プラトン入門』『ヘーゲルの「精神現象学」入門』『これがニーチェだ』といった書物は、日本の哲学研究における思想解釈書作成の傾向を示している。仮に一人の哲学者から視野を広げたとしても、精々関連流派の数人に目を配るのみである。また、もっと一般化して「現象学研究」「実存哲学入門」「近代哲学史」としても根本は変わらない。やはり哲学的問題そのものではなくて、思想解釈や学説史が関心の的となっているからである。これでは本来的哲学活動、つまり現実そのものを見つめ事象そのものを研究する態度からは程遠い。

現象学の創始者フッサールは、哲学研究の原動力は過去の権威あるとされる思想や文献からではなくて、現実そのものと事象そのものから得られなければならない、と喝破した。しかし日本の現象学者はこの教えに従っていない。彼らのほとんどはただフッサールの著作を精読するのみである。現実よりも文献解釈の方が大事なのである。あるいは、フッサールの喝破したこともまた「過去の権威」として葬り去られるべきだから、我々は文献解釈に従事するのだ、とでも言うのだろうか。

とにかく日本の哲学研究者の脳から「文献解釈志向ウイルス」を除去するのは至難の業である。筆者は、最初ハイデガーの研究、つまりその文献解釈からスタートしたが、その後精神医学や心身問題の観点を取り入れて視野を広げ、人間や心や身体性や生命そのものの本質を問う方向に進んだ。研究の方法は基本的に科学哲学的であるが、常に伝統的心身問題の手法を顧慮し、それによって生命論や人間学を構築しようと目論んだ。また、現代脳科学にも関心をもち、それを現代英語圏の心の哲学とつき合わせることによって、さらに知見を深めた。筆者はもともと英米哲学に関心があり、ハイデガーを研究する前にはウィトゲンシュタインを読んでいたのである。

我々は、『カントの理論哲学研究』とか『ヘーゲルの宗教哲学研究』などの分厚い研究書を仕上げた研究者ではなくて、カントその人やヘーゲル自身のような、現実を直視し事象そのものと格闘した「本物の哲学者」を手本としなければならない。と言っても、繰り返すが彼らの思想を精確に解釈するという意味ではない。彼らの思考態度の真髄を掴めと言いたいのである。

もちろん基本的概念や思想形成の論理は重要である。それらを理解し習得するためには哲学の古典を精読するのが一番である。しかし、それに飲み込まれてはならない。つまり、常に身の周りの現実や事象そのものを凝視する姿勢を保持していなければならないのである。そのためには、前述のような科学との対話や文学に学ぶ姿勢が大変有益である。

4　哲学的問題設定を練り直す

哲学的人間学を自ら構築するためには、個別的哲学思想の解釈を超えて、哲学的問題設定そのものの技法を習得しなければならない。これは、何も過去の思想を遺物として廃棄し、すべて最初から練り直せという意味ではない。先哲の思考の技法を参照し、かつ身の周りの現実を凝視しつつ事象そのものへと向かう態度において、哲学的問題設定を新たに練り直せ、と言いたいのである。

人間学の構築に関係する哲学的問題としては、心身問題、自我論ないし自己論、他者論、生命論、死生観、身体論、情念論などがある。また、哲学的人間学は人間存在論という形態を取ることが多いので、存在論という観点も顧慮した方がよい。

心身問題は人間における心と身体の関係を取り扱うもので、ソクラテス（プラトン）が最初に提出し、その後近代の初頭にデカルトが先鋭化し、現代英米の心の哲学において盛んに議論されている。この問題については第3章で説明したので繰り返さないが、哲学的人間学の構築のためには、各人が自らの体験を反省しつつ、それを新たに設定し直さなければならない。

自我や自己の問題は現代哲学において様々な観点から研究されているが、これに関しても自らの体験を先哲の考察とつき合わせつつ、事象に即す形で考察を進めなければならない。なお、この問題は他者論と相即不離の関係にあり、両者の相補的研究が功を奏することが多い。自己と他者の問題は精神病理学や精神分析学や社会心理学でも盛んに取り上げられるものなので、それらの分野の考察も参考になる。人間は他の生物に比べると意識の機能が格段に進化している。そして、そのために自らの心的状態や生き方を反省する能力が極めて高く、自己への関心が強い。「人間とは何か」という問いは「私って何だろう」という問いと密接に関係しているのである。我々はこのことを銘記して自己論を人間学の基礎に据えなければならない。

生命の本質に関する考察も人間学の構築には欠かせないものである。哲学における生命の考察は心身問題や自我論と密着したものだが、これを他の分野の生命論と対比しつつ、「人間の本質を考えるための生命の考察」へと熟成させていくことが肝要である。また、哲学における生命論は死生観とも連係しているが、この点も顧慮したい。「死へと関わる〈向かう〉存在」としての人間の本質は生命的時間性によって深く規定されているし、個体の死は大いなる生命の連鎖によって贖《あがな》われる、ということを理解すれば、生命論と人間学の接点は見えやすいものとなる。人間存在の時間性と歴史性は人間的生命の本質を構成する重要な契機であり、それらに関する基礎的考察は人間学の構築にとって非常に有益である。

身体論は、心身問題と重なる部分もあるが、基本的に反二元論的観点から提出されたものなので、それとは独立に取り扱うことができる。デカルトに代表される心身問題の提唱者たちが主観的意識と客観的な物質的身体を極度に対置させて考えるのに対して、メルロ＝ポンティなどの「生きられ身体」の主張者たちは心や意識も身体の一契機として捉えようとする。つまり彼らにおいて関心の的なのは、直接自らが経験する身体の現象的質なのであり、この「現象的」という点で意識をも包摂しているとみなされるのである。我々人間は自らの身体の動きに常に関心を寄せている。つまり「自己の自由意志」と「生命的活動としての身体の運動」の関係が気になってしょうがないのである。この点において身体論は生命論や自己論と深く関係する。このことを顧慮しつつ我々は身体論を人間学の基礎に据えなければならない。

情念論は心身問題の二元論化に歯止めをかける契機として身体論と同列に並ぶ。実際、両者は密接に関係している。人間は日々、様々な情念によって意識と行動を規定されている。全く理性的に振る舞っていたつもりが実は情念によって左右されていたり、他人のことを客観的に評価していたつもりが実は主観的感情によって突き動かされていたり、非常に論理的に考えていたつもりが無意識下のコンプレックスによって誘導されて、いつのまにか歪んだ思考になっていたりする。これらは我々が日常よく経験することであるが、どれも論理と感情、理性と情念の二元分割に掣肘《せいちゅう》を加えるものである。人間は古くから伝えられてきた通り「感情の動物」である。それと同時にやはり理性的生物であることもまた真実である。この二つのテーゼは全く矛盾したものなのであろうか。そうではなかろう。理性も感情も根源的な生命活動の二つの側面として人間の中で呉越同舟しているのである。情念論を人間学の構築のために役立てたいのなら、人間における根源的生命活動の二側面としての理性と感情というものを理解しなければならない。

以上に挙げたもの以外にも着目すべき哲学的問題はたくさんある。しかし、上記のものが基本となることはたしかだし、その他の問題を取り上げる際に留意すべきなのもやはり自分の経験を先哲の思索と絡めつつ、事象そのものを取り扱うことである。

5　人間存在の時間性と空間性に着目する

人間学の構築のために役立つもう一つの契機を挙げよう。それは人間存在の時間性と空間性について深く考えることである。

我々は自己の存在様式が時間性と空間性によって規定されていることを反省によって捉えることができる。存在様式とはまた生活様式でもある。生命の様式と言ってもよい。「私は存在する」ということは「私は生きている」ということとほぼ等値であり、それを時間性と空間性が根本から規定しているのである。

時計で測られる等質的な客観的時間と意識によって捉えられる主体的な生の時間性は区別される。それは体験時間の主観的長短といった次元から過去・現在・未来という時間の三相の意味にまで及ぶ。物体の運動の観測から捉えられる物理的時間は基本的に今 - 点の継続であり、それに即せば過去・現在・未来もその系列上の前後関係を意味するにすぎない。それに対して、我々各自が自ら生きている時間は、自己の生き方の選択に関わるものであり、そこにおいて時間の三相は相互に浸透し合っている。過去は単に過ぎ去った時間点ではなく、今とこれからの生き方に不断に影響を及ぼしている存在要素である。未来は単にこれからやってくる予測不能な時間点ではなく、それへと身構えることがこれまでの生き方を引き受けつつ現時点における生き方の選択を促す存在の契機である。現在は単に過去と未来にはさまれた過ぎ行く時間点ではなく、過去と未来に脱中心化的に延び広がった「生の選択の要」である。よく「現在がすべてであり過去と未来についてあれこれ考えてもしょうがない」と言われるが、それは皮相な見方である。人間は単なる物体ではなく意識をもった生命体なので、それに即した時間理解が必要なのである。

人間的時間性の終局には「死」という生命の契機が控えている。我々は生物である以上、死を免れることはできない。それから逃避して死後の世界を求めるのは阿呆の仕草である。死を生命の一契機として受け容れることが、人間存在の真の意味に目覚めることを可能にするのである。

以上に述べた人間存在の時間性は一見、心理学的時間概念に似ているように思われるが、それほど単純なものではない。人間存在の時間性は生命の本質に根差すものとして、主観的な体験時間の枠を超えているのである。それは、たしかに意識によって経験され、その意味を感得されるものではあるが、それ以前に既に「生きられている」のである。この点において人間存在の時間性は生物学的時間概念に接近する。ただし生理学的な生命時計の話にではなく生命の根源に関わる次元においてだが。

人間的時間性は個人の次元を超えて集団生活にまで及ぶ広範な現象である。それゆえ、それは人間存在の社会性というものにも関わる。人類の歴史は人間的な生の形式の時間性から発現したものとして理解できるのである。

空間もまた、三次元の座標空間から理解される幾何学的なものと体験される生の空間性に分けられる。意識によって経験される空間性には常に身体運動というものが関わっている。自らが自由意志で動かしている身体は、周囲世界への関わりにおいて、生きられた空間性の感覚を主体の意識に送り返す。ここには意識と身体感覚の間に循環が生じており、どちらが先とは言えない。つまり主観―客観対置図式を直接適用できないのである。それゆえ、生きられる空間や身体を単に主観的で心理的なものとして、客観的な物理学的空間に対置する姿勢は軽薄だと言える。

そもそも我々の住む世界は多元的なものであり、単純な割り切りでは捉えられないのである。そこでは物理的なものと心理的なもの、自然的なものと社会的なもの、物質的なものと精神的なものといった一見相容れない要素が、相互に浸透し合いながら豊かな性質を創発させている。生きられる身体の空間性としての人間存在の空間性もそうした多元的世界把握から理解されなければならない。

意識も感覚と身体性を媒介したものとして物理的なものという刻印を帯びている。実際それには脳神経生理的過程が関与している。ただ、環境への身体運動的関与という生きられた空間性の要素を抜きにして考えると、脳の神経回路網と意識の関係が機械論的なものに思えて、嫌悪感を引き起こすだけなのである。特に二元論者にとっては。

生きられた空間の概念は心脳問題や心身問題の舞台でも功を奏するが、さらに広く人間存在全般の把握のためにも大変役立つ。社会の中における個人の意識の生成や自我の形成、都市の形成過程とその構造の理解、様々な建造物の構造と居住心理、民族間の交流、風土と民族の精神史の関係、政治や経済の人間存在論的基礎構造。こういったものの理解すべてのために「人間的生の空間性」の基本的把握が大きく寄与する。

以上に述べた人間的な時間性と空間性という二つの要素は、それぞれ独立に考察しても興味深いが、最終的には統一的に理解されるべきものである。時間と空間は人間的経験の根本形式であると同時に物理的自然界の諸現象を統《す》べる根本要素でもある。心的と物的の区別を問わず、この世界のすべての現象には時間と空間という根本形式が備わっている。人間的生命の現象においてもそうである。我々は、時間的存在であると同時に空間的存在でもあり、これら二つの存在要素の統合の上に成り立つ生命体なのである。哲学的人間学の構築の際にはこのことを銘記し、人間的生のダイナミックな構造の把握に努めなければならない。

6　現代における哲学の意義

最後に現代における哲学の意義について指摘しておこう。

古代ギリシアにおいて自然哲学として始まった西洋の哲学は、その後人間学という性格を強め、どちらかと言うと精神的内面界の方へと沈潜してきた。この傾向には個別科学が順次哲学から専門領域を剥奪してきたという歴史的事象が付随している。物理的自然界は自然科学が、社会的諸現象は社会科学が、それぞれ独自の方法論をもって取り扱うようになり、哲学はそれらの基礎論に成り下がるか、精神的内面界に引き下がるかのどちらかになってしまったのである。

こうした流れの中で存在論と形而上学という哲学本来の課題を堅持しようとした人々も少なからずいた。科学の基礎を考えるのも人間的精神の本質を捉えるのも、どちらも形而上学の仕事だとするなら、我々は哲学本来の課題と単なる流行の間に折り合いをつけなければならない。そのためには、古代哲学がなぜ自然の根本原理の探究から始まったのかを再考し、自然の中での人間の地位を捉えなおす視点から科学の興隆と哲学における内面界への引きこもりを調停しなければならない。

哲学は古来、その本性において自然の探究であると同時に人間本性の探究であったのだ。現代の自然科学もそうした哲学の在り方を反映しているのであって、決して哲学から離脱したのではない。生物学における生命の根源への問いや物理学における宇宙と物質の根源への問いは万物の根源を問い求めた古代哲学の現代版以外の何物でもない。心理学や社会学における人間的諸現象の研究も哲学から派生したものである。

問題は、これらの諸科学が自らの知の根拠や社会における責任を問う姿勢をもっているかどうかである。それなしに、単に成功度や実証性や実用性が高いという理由で、無批判に研究を進める姿勢は、そのうち自滅に至るであろう。科学を習得した哲学者による科学基礎論的で存在論的な吟味は是非必要なのである。科学者の方も哲学に積極的に興味をもち、自らの研究の基盤を問い、自然の中、社会の中での人間存在の意味を考える癖をつけなければならない。

前世紀から発展し続けている脳科学と分子生物学は還元主義的な心観と生命観を推し進めてきた。それは旧来の人間機械論をますます堅固なものにする勢いがある。哲学者は、ただこの動向に背を向けて精神的内面界や価値の世界に閉じこもっていては駄目で、脳科学と分子生物学の内部に飛び込み、それを内側から突き破らなければならない。そのとき重要な役割を果たすのが根源的自然の概念に根差した有機体的世界観なのである。

哲学者はまた実用性に背を向けて観念的思索に没頭してはならない。たしかに実用性や実証性を第一位に置く必要はないが、それらを拒否することをもって哲学の高貴さとみなす態度は軽佻である。何も技術系の科学でなくても実用性は実現できるのである。それは、人々に生きる上での指針を与えるという低次のレベルからシステム論と結託した存在論の観点から科学上の難問に示唆を与えるという高次のレベルに及ぶ。また、自然破壊や戦争などの危機に面して人類の行く末を考える際にも、複数の科学に精通した哲学者の見解は大変役に立つ。その場合、哲学者は科学史と社会文化史の双方の観点から人類の将来について指針を与えてくれる。

哲学者はまた著書や論文を多数発表して、文学者と同じように民衆の心を掴まなければならない。そのためには文章力を高め、表現法を練磨する必要がある。それができない者はとにかく優れた理論を、緻密な論理で展開すべきである。「真の詩人は詩を書かない」とか「優れた哲学者は生き様で示すのであって、著書は二の次だ」というのは単なる戯言である。自ら著書を遺すことなく死をかけて哲学を実践したソクラテスよりも、優れた理論家で多数の古典的名著を遺した万学の祖アリストテレスの方がはるかに偉大なのである。

アリストテレスがこよなく自然を愛することは前に述べた。自然を愛することは実は内面的精神世界に背を向けることなのである。このことを銘記して我々は現代における哲学の意義を考えるべきである。

参考文献

(1) W・ジェームズ『心理学』(上・下) 今田寛訳、岩波文庫、二〇〇二年
(2) W・ジェームズ『プラグマティズム』桝田啓三郎訳、岩波文庫、二〇〇四年
(3) W・ジェームズ『哲学の諸問題』日本教文社、一九七四年
(4) J・デューイ『学校と社会』宮原誠一訳、岩波文庫、二〇〇四年
(5) J・デューイ『哲学の改造』清水幾太郎・清水禮子訳、岩波文庫、二〇〇四年
(6) 拙著『時間・空間・身体――ハイデガーから現存在分析へ――』醍醐書房、一九九九年
(7) 森岡周『リハビリテーションのための認知神経科学入門』協同医学書出版社
(8) F・クリック『DNAに魂はあるか――驚異の仮説――』中原英臣・佐川峻訳、講談社、一九九七年
(9) C. de Quincey, *Radical Nature : Rediscovering the Soul of Matter*, Invisible Cities Press, Montpelier, 2002
(10) C. Lloyd Morgan, *Emergent Evolution*, Williams and Norgaye, London, 1927
(11) S. Alexander, *Space, Time and Deity*, Macmillan, London, 1920
(12) A・N・ホワイトヘッド『過程と実在』(上・下) 山本誠作訳、松籟社、二〇〇〇年
(13) カント『人間学』坂田徳男訳、岩波文庫、一九八五年

(14) M・ハイデガー『存在と時間』原佑・渡辺二郎訳、中央公論社、一九九三年
(15) M・メルロ＝ポンティ『知覚の現象学』（上・下）竹内芳郎他訳、みすず書房、一九八七年
(16) 日下部吉信『ギリシア哲学と主観性』法政大学出版局、二〇〇五年

あとがき

一昨年の暮れに自転車で転倒して左の足首を捻った。数時間しても痛みが引かないので、駅前の整形外科を受診した。レントゲン検査の結果、靭帯が少し伸びているから、包帯で固定しよう、と言われた。二、三日あまり歩かない方がいい、とも言われた。とにかく要心が肝心だと思って、自宅でテレビを観たり本を読んだりしていた。年末だということもあって、それでゆったりと読書にふけっていた。

そのうちある短編小説のことを思い出した。志賀直哉の「城の崎にて」である。高校生のときに最初に読んだその作品には、電車に跳ね飛ばされた後の温泉での養生と心境が淡々と綴られている。そのことを思い出したのである。しかし、今の自宅の本棚にその短編が含まれた本は見当たらない。そこで、自転車に乗って近くの大型書店に出かけて、かつてと同じ新潮文庫版の『小僧の神様・城の崎にて』を買った。そして、書店内の喫茶店でさっそく読み始めた。真新しい文庫本の後付を見ると七〇刷と記してある。三〇年間ロングセラーを維持していたのだ。

病気や怪我をしたとき、かつて読んだ小説や随筆のことを思い出す人は多い。「城の崎にて」には小動物の偶然による生死の境が自己の心境に即して描写されている。そして、自分が死ななかったのは偶然だった、と言う。

足首の捻挫がすっかり癒えた頃、今度は歯が激しく痛み始めた。近所の歯科にいくと、根の治療が必要だということで、それを始めた。その数日後の夕方から耐えられない激痛に襲われ、それは次の日の夜まで続いた。こういう日に限って歯科は定休日なのである。歯科でもらった鎮痛薬が切れたので市販の頭痛薬を四時間おきに飲んで凌いだが、ほとんど気休めにしかならなかった。そのときまたあるエッセイを思い出した。坂口安吾の「不良少年とキリスト」である。虫歯の激痛に襲われると、この作品を思い出す人はけっこういる。インターネットで検索すると感想がいくつも出てくる。今回は、新たに文庫本は買わずに、インターネットでその文章を読んだ。その書き出しは次のようなものである。

もう十日、歯がいたい。右頬に氷をのせ、ズルフォン剤をのんで、ねている。ねていたくないのだが、氷をのせると、ねる以外に仕方がない。ねて本を読む。太宰の本をあらかた読みかえした。

周知のようにこのエッセイは太宰の自殺に対する感慨を述べたものである。そして、その中には志賀のことも書かれている。

太宰と坂口は無頼派を代表する作家仲間であり、その視点から志賀の因襲的思考法には共通する反感をもっていた。しかし偶然、怪我と虫歯の痛みに触発されて志賀と坂口の作品を連続して読んだ筆者の経緯からすると、無頼派も権威派もどちらも自然の子なのだという思いは消せないものとなった。

本文中では志賀を偽善者の典型のように論じたが、根源的自然主義の観点からすれば、どちらも「痛みの友」であって、平等に見るべきなのである。この点を顧慮して本文を読み返してほしい。そのとき太宰と有島の偉大さが改めて認識できるであろう。

我々は自然の中に生まれ、いずれ自然に還る。文学も哲学もそうした人間存在の根本に触れようとする衝動から生まれたのである。

二〇〇九年六月一一日　紫陽花の色づく頃、象徴的あとがきに自得しつつ

河村次郎

■著者略歴

河村次郎（かわむら　じろう）

1958年　青森県むつ市に生まれる

1984年　東洋大学文学部哲学科卒業

1991年　東洋大学大学院文学研究科博士課程単位取得退学

現　在　東洋大学非常勤講師

著　　書

『時間・空間・身体――ハイデガーから現存在分析へ――』（醍醐書房，1999年）

『脳と精神の哲学――心身問題のアクチュアリティー――』（萌書房，2001年）

『意識の神経哲学』（萌書房，2004年）

『自我と生命――創発する意識の自然学への道――』（萌書房，2007年）

『心の哲学へ誘い』（萌書房，2007年）

『情報の形而上学――新たな存在の階層の発見――』（萌書房，2009年）他。

訳　　書

メダルト・ボス『不安の精神療法』（解説つき：醍醐書房，2000年）

心・生命・自然――哲学的人間学の刷新――

2009年10月31日　初版第１刷発行

著　者　河 村 次 郎

発行者　白 石 徳 浩

発行所　有限会社 萌《きざす》　書　房

〒630-1242　奈良市大柳生町3619-1

TEL（0742）93-2234 / FAX 93-2235

［URL］http://www3.kcn.ne.jp/~kizasu-s

振替　00940-7-53629

印刷·製本　共同印刷工業・藤沢製本

ISBN 978-4-86065-051-3